구원,
영적 성장의 시작

Life After Salvation

김경환 목사 지음

"그가 모든 사람을 위하여 죽으신 것은 산 자들이 이제부터는
더 이상 자신들을 위하여 살지 않고 자기들을 위하여 죽었다가
다시 살아나신 그분을 위하여 살게 하려는 것이라."

[고후 5:15]

"우리가 살아도 주를 위하여 살고 죽어도 주를 위하여
죽나니 그러므로 우리가 살든지 죽든지 우리는 주의 것이라."

[롬 14:8]

들어가는 말

영원한 저주로 향하고 있는, 구원받지 못한 사람에게 구원보다 더 중요한 일은 없다. 그러나 구원을 받았다면 구원은 이제 영적 삶의 시작점에 불과하다. 구원은 반드시 받아야 하는 것이지만, 성경은 죽어서 하늘나라에 가는 것보다 이 땅에서 하나님의 자녀로서 어떻게 살아야 하는지에 대해 더 많은 구절을 할애하여 말씀하고 있다. 지상에서의 우리의 삶은 그만큼 중요한 것이다.

구원받은 후 영적 성장을 위해서 반드시 있어야 할 매일의 기도와 성경 읽기, 주님과의 개인적인 교제를 통해 누리는 풍성한 영적 삶에 대한 초신자들을 위한 경건 서적들은 서점에서 쉽게 접할 수 있다. 그러나 이 책은 그보다도 먼저 선결되어야 할, 보다 더 본질적인 주제를 다루고 있다. 구원받자마자 부딪히는 문제들, 어떤 교회를 어떻게 선택해야 하는

지, 가정과 직장에서 그리스도인으로서 어떻게 생활해야 하는지 등에 대한 실천적 해답을 제시한다. 이런 문제들이 우선적으로 정립되지 않는다면 개인의 영적 생활은 바르게 영위될 수 없다.

구원 이후의 삶(Life After Salvation)이라는 주제의 주일 설교들을 모아 편집한 이 책은 이제 믿음 생활을 시작한 성도들이 바르게 성장할 수 있도록 구체적인 도움을 제공한다. 여기에 담긴 지혜의 말씀으로 이 악한 현 세상에서 이제 막 영적 싸움을 시작하는 그리스도인으로서 꼭 필요한 유용하고 실천적인 지침을 얻기를 간절히 기도한다.

2025년 11월
김경환 목사

차례

구원받은 후 가장 먼저 해야 할 일 … 9

구원받은 후 성도의 교회 생활 … 39

구원받은 후 성도의 가정 생활 … 57

구원받은 후 성도의 사회 생활 … 83

구원받은 후 성도의 영적 전쟁 … 113

구원받은 후 성도의 복된 소망 … 137

구원받은 후 성도의 가장 중요한 본질 - 의지 … 161

하나님의 구원 계획 … 185

* 본 저서에 인용된 구절은 <한글킹제임스성경>입니다.

구원받은 후
가장 먼저 해야 할 일

「그가 어떤 사람들은 사도로, 어떤 사람들은 선지자로, 어떤 사람들은 복음 전도자로, 어떤 사람들은 목사와 교사로 주셨으니 이는 성도들을 온전케 하며 섬기는 일을 하게 하고 그리스도의 몸을 세우게 하여 우리 모두가 믿음의 하나 됨과 하나님의 아들을 아는 지식의 하나 됨에 도달하게 하고 온전한 사람이 되어 그리스도의 충만하심의 장성한 분량에까지 이르게 하려 하심이라. 그리하여 우리가 이제부터는 더 이상 어린아이가 아니요, 사람들의 속임수와 교활한 술책으로 그들이 속이려고 숨어서 기다리는 온갖 교리의 풍조에 밀려 이리저리 다니지 아니하고 오직 사랑 안에서 진리를 말하며 우리가 모든 일에 성장하여 그에게 이르니 그는 머리시며 곧 그리스도시니라. 그로부터 온몸이 각 부분의 분량 안에서의 효과적인 역사를 따라 각 마디를 통하여 공급을 받아 알맞게 결합되고 체격이 형성되어 몸을 성장시키며 사랑 안에서 몸 자체를 세워 나가느니라」(엡 4:11-16).

영적 전쟁의 인지

우리는 예수 그리스도를 구주로 영접할 때 구원을 받는 동시에 하나님의 자녀가 된다. 구원받기 전 마귀의 자식이었던 상태에서 영광스러운 하나님의 자녀로 입양되는 것이다. 자식을 잃어버린 마귀는 그 사람의 혼을 다시 빼앗아 갈 수는 없으나 그 사람의 생애는 얼마든지 망가뜨릴 수 있다. 하나님의 사역에 동참해서 하나님께 영광을 돌리는 삶을 살지 못하도록 만들 수 있는 것이다. 이러한 과정에서 일어나는 것이 영적 전쟁이다. 구원받은 후 가장 먼저 선결되어야 할 일들 중 하나는 삶에서 일어나는 영적 전쟁을 인지하고 이 전쟁에서 승리하는 법을 배우는 것이다.

많은 사람은 죽어서 하늘나라 가는 것, 즉 혼의 구원이 신앙의 목표라고 생각하고, 구원을 받았으면 그것으로 끝이라고 생각한다. 그러나 구원은 죄 지은 우리 혼이 마땅히 가야 할 영원한 지옥으로부터 건짐을 받은 것이며, 영적 생활의 시작점에 불과하다. 구원받아 하나님의 자녀가 된 이후에는 하나님의 뜻 안에서 살아야 한다. 창조주 하나님으로서 육신을 입고 이 세상에 오신 예수님께서 승천하시면서 인간에게 주신 계획이 이것이다.

「내려가셨던 그가 모든 하늘들 위로 올라가신 바로 그분이니 그가 모든 것을 충만케 하시려 함이니라」(엡 4:10).

주님께서는 승천하신 뒤에 우리들을 이 땅에 그냥 버려두지 않으시고 사도, 선지자, 복음 전도자, 목사와 교사들을 우리에게 주셨다. 사도들과 선지자들의 직분은 초대 교회 이후 사라졌다. 은사주의자들은 이 직분이 오늘날까지도 이어진다면서 자신들이 사도들의 표적을 행한다고 거짓되이 주장한다. 그럼으로써 마치 기적이나 요행을 바라는 것이 믿음인 양 사람들을 오도하며 건전한 믿음 생활을 하지 못하게 만들고 있다.

오늘날 우리는 마지막 교회 시대인 라오디케아 교회 시대에 와 있다. 이 배교의 마지막 때에 주님께서 믿는 이들을 위해 주신 사람들은 지역 교회에서 사역하는 목사와 교사이다. 목사와 교사는 동일한 직분을 말하는 것이며, 목사는 잘 가르치는 사람이어야 한다. 구원은 신앙의 목표가 아니라 시작이기에 주님께서는 구원받은 사람들을 세상으로부터 불러 내어 지역 교회에 모여서 주님께 경배드리게 하셨고, 교회를 통해 양육을 받아서 주님의 말씀을 전하도록 하셨다.

「이는 성도들을 온전케 하며 섬기는 일을 하게 하고 그리스도의 몸을 세우게 하여」(엡 4:12).

구원받고 나서 이제 지옥에는 가지 않으니 원하는 대로 살겠다고 마음먹는 것이나, 잘못된 교회에 나가서 직분이나 받고 교회 생활을 하는 것은 하나님께서 원하시는 것이 아니다. 하나님께서는 자신의 피값으로 사신 교회, 즉 보이지 않는 교회가 눈에 보이는 지역 교회에 모여서 주님께 예배드리고 또 복음을 전파하기를 원하신다. 구원받은 사람이라면 자신이 구원받았다는 것에 안주해서는 안 된다. 그것은 시작에 불과한 것이고, 이제부터 주님을 섬겨야 한다.

그리스도인이 양육을 받음으로써 온전케 되고, 섬기는 일을 하고, 믿음의 하나됨에 도달해야 한다. 여기서 '믿음의 하나됨'이란 세계의 모든 교회와 종교의 통합을 말하는 것이 아니다. 예수님께서 창조주 하나님이시라는 것을 믿는 교회들은 몰몬교나 여호와의 증인들처럼 그것을 믿지 않는 교회들과 결코 하나가 될 수 없다.

본문에서 믿음의 하나됨이라는 것은 은혜의 복음으로 구원받은 사람들이 성경적인 교리와 믿음으로 하나됨을 말하는 것이다. 세계 종교 통합은 성경이 추구하라고 말씀하신 하나됨이 결코 아니다. 우리가 다른 교회들이나 카톨릭 교회와 하나될 수 없는 이유는 그것이 하나님께서 원하시는 것이 아니기 때문이다. 성경은 사탄의 종들이 있음을 분명히 말씀하는데, 그들은 누구인가? 범법하여 감옥에 가 있는 범죄자들이 아니다. 그들은 진리를 전하지 않는 종교 지도자들, 즉 목사들이요, 교황이며, 사제들이다.

성경적 믿음

성경적 믿음은 오직 한 가지만이 있을 뿐이다. 여러 가지 믿음이 존재하지 않는다. 종교 통합을 외치는 자들은 믿음은 다 달라도 모두 하나가 될 수 있다고 하지만, 그것은 있을 수 없는 일이다. 성경적인 믿음이란 은혜의 복음, 즉 오늘날 교회 시대에 '오직 믿음으로' 구원받는다는 믿음을 말한다. 이것이 우리가 전파해야 하는 것이고, 이 믿음 안에서 하나가 되어야 한다.

하나님의 아들을 아는 지식은 한 가지라야 한다. 올바른 교리가 서로 다른 여러 가지가 될 수는 없는 것이다. 구원에 대해 상반된 교리를 제시하는 칼빈주의, 알미니안주의 등 여러 가지 이론, 교리가 모두 동시에 옳은 것일 수 없다. 오직 성경에 근거한 가르침만이 바른 교리이다. 성경은 사람이 자신의 의지로 예수님을 믿고 영접할 때 그 믿음으로 구원받는다고 말씀한다. 구원받을 사람과 그렇지 못한 사람이 창세 전에 선택되었고 예정된 것이 아니다. 그런 것은 모두 잘못된 교리이며 사람들을 지옥으로 보내는 가르침이다. 우리는 그런 교리를 반대한다.

「**하나님의 아들을 아는 지식의 하나 됨에 도달하게 하고 온전한 사람이 되어 그리스도의 충만하심의 장성한 분량에까지 이르게 하려 하심이라**」(엡 4:13). 그 이유는 이어지는 구절에 나오는 대로 속지 않기 위해서이다.

「**그리하여 우리가 이제부터는 더 이상 어린아이가 아니요, 사람들의 속임수와 교활한 술책으로 그들이 속이려고 숨어서 기다리는 온갖 교리의 풍조에 밀려 이리저리 다니지 아니하고**」(엡 4:14). 성경적으로 믿는 목사의 설교로 기초를 쌓은 사람은 신학원 교수나 목사의 설교를 5분만 듣고도 그것이 거짓인지 아닌지를 분별할 수 있다. 그가 은혜의 복음을 전하는지, 바른 성경을 믿는지 여부를 알 수 있다.

하나님의 말씀을 알면 온갖 교리의 풍조에 밀려 이리저리 다니지 않는다. 은사주의, 칼빈주의, 알미니안주의, 여호와의 증인, 몰몬교, 안식교에 속지 않는다. 현재 K목사가 LA, 조지아주 등 미국을 넘어서 한국 본토에까지 많은 사람에게 영향을 주고 있다. 병원 진료실이나 사무실에 '생애의 빛', '남은 자들' 등의 책자가 비치되어 있는 것을 종종 볼 수 있다. 그는 대환란이 올 것이라고 믿지도 않으면서 요한계시록에 나오는 대환란 사건들을 지금 우리가 겪는다고 하며 행위 구원을 가르침으로써 사람들을 지옥으로 보내고 있다. 그의 사후에 제자들이 유튜브에서 활동하며 많은 사람에게 그의 교리를 전파하고 있다.

그중 한 인물이 S목사인데, 현재 몇십만 명이 그의 채널을 구독하고 있다. 그도 K목사와 마찬가지로 요한계시록에 나오는 대환란 때가 지금이라고 착각하고 행위 구원을 가르치고 있다. 요한계시록의 말씀을 오늘날 교리로서 가르치면 반드시 행위에 의한 구원을 가르치게 되어 있다. '이기는 자', '끝까지 견디는 자'가 구원을 받는다는 등의 말을 하게 된다.

우리는 예수님을 믿음으로써 구원받는 것이지 믿고 난 후에 성도로서 어떻게 사는지에 따라 구원이 정해지는 것이 아니다. 믿을 때에 구원을 받고 그 후에 성도로서 어떻게 살았는지는 그리스도의 심판석에서 심판받는다. 그러나 이는 상급과 관계된 것이지 구원과 관계된 것이 아니다. 안식일 교회 목사들은 자신이 안식교라고 확실히 밝히면 사람들이 따르지 않으니 이를 숨긴다. 짐짓 안식교가 아닌 체하지만, 가르치는 것은 안식교 교리인 것을 숨길 수 없다. 오늘날 은혜의 복음을 전해야 하는 시대에 행위 구원을 전하는 자들은 사탄의 종인 것을 분명히 알아야 한다. K목사, S목사가 몰몬교나 여호와의 증인들과 갖는 공통점은 지옥이 없다고 가르치는 것이다. 그런데도 수십만 명이 그들을 따르고 있다. 진리를 아는 사람은 그런 사람의 교리에 빠지지 않는다.

헌신

구원받은 후에는 자신의 몸과 영이 자기 자신의 것이 아니라 하나님의 것임을 알아야 한다. 따라서 구원받은 후에 하나님과 무관하게 자신이 원하는 대로 살아서는 안 된다. 원하는 성경, 원하는 교회를 선택할 권한이 자신에게 있는 것이 아니다. 우리는 하나님의 종이며 우리의 몸과 영은 우리 자신의 것이 아니기 때문이다.

「또한, 너희 몸은 너희가 하나님으로부터 받은 바 너희 안에 계신 성령의 전인 것을 알지 못하느냐? 너희는 너희 자신의 것이 아니니라」(고전 6:19).

이제부터는 하나님께서 원하시는 것을 따라 살아야 한다. '내 입으로 내가 원하는 것을 마음대로 말하겠다'고 생각했던 것은 구원받기 전에나 해당되는 것이다. 구원받은 후 나의 입은 하나님의 입이요 나의 손과 발도 하나님의 것이다. 우리는 하나님께서 하라고 하시는 것을 해야 한다. 구원 이후의 삶은 「너희는 너희 자신의 것이 아니니라」는 이 말씀에서 시작된다. 구원을 받았는데도 이것을 모르는 사람들이 있다. 교회나 성경을 선택할 때에도 자신이 원하는 쪽을 택하면 된다고 생각한다. 그들은 이 구절을 알지 못하고, 자신이 더이상 자기 자신의 것이 아니라는 사실을 알지 못하는 것이다.

「너희는 값을 치르고 산 것이니 그러므로 하나님의 것인 너희 몸과 너희 영으로 하나님께 영광을 돌리라」(고전 6:20). 하나님이 치르신 값은 동물이나 인간의 피가 아니라 하나님의 피였다(행 20장). 이제부터 자기 자신의 뜻이 아닌 하나님의 뜻대로 살 준비가 되었다면, 하나님의 뜻이 무엇인지를 알아야 한다.

「그러므로 형제들아, 내가 하나님의 모든 자비하심으로 너희에게 권고하노니, 너희 몸을 하나님께서 기뻐하시는 거룩한 산 제물로 드리라. 이것이 너희가 드릴 합당한 예배니라」(롬 12:1).

우리는 우리의 몸을 하나님께 산 제물로 드려야 한다. 하나님을 위해서 죽겠노라고 말하는 사람들이 있지만, 그런 사람들은 말뿐이지 정작 아무것도 하지 못한다. 말로만 큰 소리치다가 박해가 오면 주님을 부인할지도 모른다. 성경은 하나님을 위해서 죽으라고 말씀하지 않고 자신을 산 제물로 드리라고 말씀한다. 몸을, 손을, 발을 산 제물로 드려야 한다. 발로 걸어나가서 손으로 전도지를 나누어 주어야 한다.

헌신이라고 하면 목사나 선교사가 되는 것이라고 착각하는 사람들이 있지만, 구원을 받자마자 가장 우선적으로 해야 할 일은 자신을 하나님께 드리는 것이다. 헌신은 전적으로 하나님께 드리는 것이다. 하나님께서 어떤 사람은 사역자로 부르시고, 어떤 사람은 지역 교회에서 성도로서 자신의 은사를 활용하여 섬기게 하신다. 다양한 사역을 각인에게 맡기는 것은 하나님께서 하시는 일이지 자신의 권한 하에 있는 것이 아니다.

현재 부패하고 진리가 부재한 한국 교회의 상황에서 저주는 결국은 하나님의 부르심이 없는 사람들이 본인이 원해서 목사가 되었기 때문에 생긴 일이다. 라디오 등 매체에서 목사들의 간증을 들어보면 하나님께서 사역으로 부르셔서 목회자가 되었다는 간증을 찾아볼 수가 없다. 가장 많이 듣는 것이 어머니가 모태에서 자신을 목사로 만들기로 서약했다는 말이다. 아기가 태어나기도 전에 목회자가 되기로 결심을 했다는 말인가. 어떻게 어머니의 서약으로 목사가 된다는 말인지 이해할 수 없다. 성경은 하나님께서 목사와 교사를 주셨다고 말씀한다. 목사가 되는 것을 구약 시대에 있었던 서원, 서약과 혼동해서는 안 된다.

그 다음으로 흔하게 듣는 말은 자신이 어떤 신비한 체험을 했기 때문에 목사가 되었다는 것이다. 예를 들면 기도원에 갔을 때 예수님이 빛 가운데 나타나서 자신에게 목사가 되라고 하셨다는 것이다. 그는 예수님을 본 것이 아니라 빛의 천사로 가장한 마귀를 본 것이다. 「**이것은 놀랄 일이 아니니 이는 사탄도 자신을 빛의 천사로 가장하기 때문이라**」(고후 11:14). 예수님께서는 현재 하나님 우편에 앉아 계시며, 휴거 이전에는 이 땅에 내려오시지 않는다. 직접 내려오시는 대신 구원받은 사람들을 대사들로 사용하여 복음을 전하신다. 예수님을 만났다고 하는 모든 사람은 마지막 때에 역사하는 미혹의 영에게 속은 것이다.

이런 배경으로 목사가 된 사람들은 대개 열성적이기 때문에 사람들에게 더욱 큰 피해를 준다. 수많은 사람들을 모아 놓고 장풍을 일으킨다며 사람들을 쓰러뜨리는가 하면, 이상한 동물 소리를 내며 '방언'을 한다고 한다. 거룩한 하나님의 교회를 완전히 난장판으로 만드는 장본인들이 이러한 목사들이다.

그다음 부류는 자신이 원해서 목사가 되었다는 부류이다. 이런 사람들이 강대상에 서서 사기를 치는 것이다. 자기가 원해서 목사가 되었기 때문에 자신이 원하는 방향으로 사역이 되지 않는다면 사기를 치기 시작하는 것이다. 목회를 생계의 수단으로 생각하고 헌금을 챙겨 자식들을 비싼 해외 사립학교로 보내어 교육시키고 부를 축적하는 사기꾼 부류이다. 이런 목사들 때문에 한국 교회에 저주가 온 것이다. 하나님의 부르심을 받은 사람들은 보이질 않는다.

나의 목회 초기에는 연락을 하고 찾아온 목사들이 많았으며 그중에는 킹제임스성경과 럭크만 목사의 신학 서적들을 가지고 공부하겠다고 한 사람들이 있었다. 그러나 2년, 3년을 가지 못하고 거의 다 도중하차해 버렸다. 그들은 결국 하나님의 부르심을 받은 목사들이 아니었던 것이다. 잘못된 성경으로 거짓 교리를 가르쳤다는 것을 깨달았다면 회개하고 하나님의 바른 말씀을 계속해서 가르쳤을 것이다. 지옥에 가는 혼들에게 은혜의 복음을 전파했을 것이다. 그러나 그런 목사들은 거의 한 명도 없었다. 겉으로 보기에는 그런 목사들이 인품이 뛰어난 것 같고 거룩한 것 같지만 하나님께서 보시기에는 모두 거짓 목사들이다. 그 이유는 첫째, 바른 성경을 거절하고, 둘째, 은혜의 복음 대신 성경이 경고하는, 저주받을 '다른 복음'을 전하기 때문이다.

「너희는 이 세상과 일치하지 말고 너희 마음을 새롭게 함으로써 변화를 받아 하나님의 선하시고 기뻐하시고 온전하신 뜻이 무엇인지 입증하도록 하라」(롬 12:2).

우리는 우리가 원하는 대로가 아니라 하나님께서 원하시는 대로 살아야 한다. 그러려면 하나님의 뜻을 알아야 하는데, 그러기 위해서는 자신의 몸을 산 제물로 드려야 하고 세상과 일치하지 않아야 한다. 마음을 새롭게 함으로써 변화를 받아야만 하나님의 선하시고 기뻐하시고 온전하신 뜻을 알 수 있다. 이것은 거짓 목사들이 마치 점 치는 무당처럼 '하나님이 자매님에게는 이렇게 하라고 하셨다', '형제에게는 이렇게 하라고 하셨다' 하는 것과 무관하다. 자기 자신은 돌아보지 않으면서 어떻게 남에 대한 하나님의 뜻을 자신이 안다고 하는 것인가. 그런 사람들이 강대상에서 사기를 치는데 순진한 사람들은 그럴듯한 언변에 속는다. 성경을 모르기 때문에 양의 탈을 쓴 이리인 거짓 목사들에게 속는 것이다.

사기꾼은 결코 자신의 진면모를 드러내지 않는다. 겉으로는 인품도 좋고 신뢰할 만하고 훌륭한 사람으로 보이게끔 한다. 거짓 목사들이 스스로 하나님 말씀 위에 군림하면서 사람들이 진리를 접할 수 있는 길을 막기에 우리는 그들이 악한 사기꾼이라는 것을 지적하는 것이다. 그래야만 사람들이 눈을 뜰 수 있다. 그래야만 구원을 받을 수 있는 길이 열리고 하나님을 제대로 섬길 수 있는 기회가 생기는 것이다. 처음에는 반감을 가질 수 있으나 나중에는 이것이 성경적인 지적이라는 것을 깨달을 수 있다.

일본의 한 자매는 S교회에 나가 보라는 언니의 조언으로 한 주 뒤부터 나가겠다는 결심을 하고 유튜브에서 C목사에 대한 비디오를 보게 되었다. 그때 내가 몇 년 전에 한 "C목사에 대해 아십니까?"라는 제목의 설교가 뜨는 것을 보고 C목사에 대해 좋은 소개를 하는 내용인 줄 알고 비디오를 봤다가 그를 성경적으로 책망하는 내용을 듣고 처음에는 충격을 받았으나 나중에는 구원을 받고 성경적으로 믿는 사람이 되었다. 내가 만일 그런 책망하는 내용의 설교를 하지 않았다면 그 자매의 가족은 여전히 지옥으로 향하고 있었을 것이다. 이러한 귀중한 사역을 위해 우리가 존재하는 것이다.

바른 교회에 참여

둘째로, 하나님께서 원하시는 교회에서 주님을 섬겨야 한다. 하나님께서는 교회를 진리의 전당으로 만드셨기에 구원받은 사람들은 교회에서 양육을 받아야 하며 그 목적으로 주님께서는 목자를 주셨다. 구원받았으니 원하는 대로, 마음대로 살겠다고 하는 사람들도 있고, 개중에는 교회고 뭐고 다 필요 없다고 하는 사람들도 있다. 사기 치는 목사들이 너무나 많기 때문에 그런 심정을 전혀 이해하지 못하는 것은 아니다. 어떤 교회가 성경적으로 바르게 한다고 해서 갔더니 결국 사기였던 경험을 반복적으로 한 사람들도 많이 보았다. 그런 과거의 경험으로 인해 아예 교회에 나가지 않겠다고 마음 먹은 사람들도 많다. 그러나 하나님께서는 교회에서 주님을 섬기라고 명령하신다.

에베소서 1장은 주님께서 우리를 구원하신 이유를 나열

하고 있다.

「이는 하나님께서 그 사랑하시는 이 안에서 우리를 받아들이신 그의 은혜의 영광을 찬양케 하려 하심이니라」(엡 1:6).

구원만 받고 끝나는 것이 아니라 주님을 찬양해야 한다.

「이는 먼저 그리스도를 믿었던 우리로 그의 영광을 찬양케 하려 하심이니라. 너희도 진리의 말씀, 곧 너희 구원의 복음을 듣고서 그분을 신뢰하였으니 또 너희가 그분을 믿고서 약속의 그 성령으로 인침을 받은 것이니라. 이는 값 주고 사신 그 소유를 구속하기까지 우리의 유업의 보증이 되사 그의 영광을 찬양케 하려 하심이니라」(엡 1:12-14).

우리가 모여서 주님을 경배하고, 설교를 듣고, 헌신을 하는 모든 것은 주님께 찬양을 드리는 행위이다. 진정으로 구원을 받았다면 이를 소홀히 한다 해도 지옥은 가지 않는다. 그러나 구원받은 사람이라면 교회에 나와서 주님께 경배드리고 싶은 마음을 갖는 것은 당연한 일이다. 새로운 피조물이 되었기 때문이다. 옛것들은 지나가고 모든 것이 새롭게 되었다. 제일 먼저 진리를 배우고자 하는 열망이 생기고, 구원받지 못한 혼들을 보면 그들이 지옥에 가는 것으로 인해 안타깝게 여긴다. 구원받은 사람이라면 그런 마음이 들어야 한다. 자신은 구원을 받았지만 가족들은 여전히 지옥으로 가고 있다면 어떻게 안타까운 마음을 품지 않을 수 있겠는가? 구원받은 사람이라면 마땅히 영원한 지옥의 형벌을 피한 기쁨을 다른 사람들에게도 전하고 싶어진다. 그 사역을 위해 하나님께서 원하시는 교회에 나가야 하는 것이다.

그렇다면 어떤 교회가 하나님께서 원하시는 교회인가. 사도 바울 서신이 기록된 이래 오늘날까지 2천 년 동안의 교회사를 살펴보면 자신이 속할 교회를 쉽게 찾을 수 있다.

반 카톨릭 역사

이단 교리는 초대 교회 시대부터 등장하기 시작했으며, 특히 로마 카톨릭 교회는 교세를 확장하려고 물침례 중생이라는 교리를 가르쳤다. 즉 카톨릭 교회에 나가서 '사제가 베푸는 침례를 받아야만 영생을 얻는다'고 속이기 시작한 것이다. 이로써 행위에 의한 구원이라는 이단 교리가 등장했고, 카톨릭 교회가 세력을 확장해 나가면서 요한계시록에서 경고하는 종교 창녀의 뿌리가 뻗어나가게 되었다. 카톨릭이 모든 사람을 교권하에 예속시키려 할 때 성경적으로 믿는 그리스도인들은 이를 거부하고 순교의 길을 택했다. 카톨릭 이전에는 로마 제국의 손에 순교당했던 그들이 이제는 그리스도의 대리자를 자처하는 교황의 손에 죽임을 당하게 된 것이다.

성경적으로 믿는 교회는 카톨릭에 반대하는 교회이며, 침례교도들은 교회사 2천 년 동안 카톨릭에 저항하는 신앙을 이어왔다. 이 신앙의 한 줄기가 미국의 남침례교회인데, 이 교단이 부패하자 여기서 분리되어 나온 것이 독립침례교회이다. 독립침례교회에서 바른 성경인 킹제임스성경을 버리려고 하자 여기서 다시 분리되어 나온 사람들이 피터 럭크만 목사와 그가 60년 동안 배출해 낸 제자들이다. 그의 제자들이 미국 각지에서 수백 개의 교회를 세웠을 뿐 아니라 선교사로 파송되어 세계 각국에서 복음을 전하며 최후의 보루를 지키고 있다. 오늘날 한국인들 가운데 오직 성경적으로 믿는 교회 목사들만이 진정한 반카톨릭을 주장한다

바른 성경의 역사

바른 교회는 행위 구원을 가르치는 카톨릭의 교리에 반대할 뿐 아니라, 변개된 카톨릭 원문에서 나온 성경들이 아닌, 전통 원문에서 나온 킹제임스성경을 바른 성경으로 믿는 교회이다. 사도행전 11장에서 '그리스도인'이라는 단어는 시리아의 안티옥에서 최초로 사용되는데, 안티옥 교회

는 사도 바울을 파송한 곳이기도 하다. 안티옥 교회에서 나온 성경과 이집트 알렉산드리아에서 나온 카톨릭 성경, 둘 중에 바른 성경의 뿌리는 당연히 안티옥에서 나온 성경이다. 구시리아 역본, 구라틴 역본이 바른 원문이고, 제롬의 라틴 벌게이트는 변개된 사본에서 나온 것이다.

전통 원문(Textus Receptus) 계열의 헬라어 사본을 취합하여 1611년에 영어로 번역된 성경이 킹제임스성경이며, 필라델피아 교회 시대(1500~1900년)에 이 성경으로 전 세계에 복음이 전파되는 부흥이 일어났다. 하나님께서 킹제임스성경을 번역한 나라인 영국이 전 세계를 지배하도록 하신 이유는 복음 전파를 위해서였다. 당시 빅토리아 여왕이 킹제임스성경을 손에 들고 나가서 점령했으며, 영국인들은 아프리카 미개인들에게 킹제임스성경을 전했다. 그러나 1900년대에 변개된 카톨릭 성경이 등장함으로써 복음의 빛은 꺼지고 교회들은 배교하여 카톨릭으로 다시 돌아가고 있다.

킹제임스성경 외의 모든 성경은 변개된 부분에서 카톨릭 성경과 동일한데, 구절들과 단어들이 삭제, 첨가, 변개된 것이 약 36,000 군데에 달한다. 킹제임스성경으로 사역하는 성경적으로 믿는 사람들은 침례에 의한 중생이라는 카톨릭 교리에 근거한 유아세례를 거부한다. 물 침례 의식은 예수님을 믿고 구원받은 사람들이 신앙의 고백으로, 구원의 모형으로 받는 것이라고 믿는다. 중세 시대 때 어릴 적에 카톨릭 교회에서 유아 세례를 받았다가 커서 성경적인 복음을 듣고 구원받은 그리스도인들은 다시 물침례를 받았다. 그래서 카톨릭에서는 이들을 이단시하기 위해 '재침례교도'라는 이름을 붙여 주었다.

성경적으로 믿는 믿음의 뿌리는 사도 바울의 때부터 시작해서 지속적으로 이어져왔다. 이들은 가혹한 핍박 속에서도 모여서 예배를 드렸기 때문에 계속적으로 이동하면서 살아남아야 했다. 카톨릭 교회처럼 어떤 한 곳에서 대형 교회를 이루지 않았기 때문에 그 지역의 이름이나 리더의 이름을 따서 명명했다. 재침례교도로 불렸다가 후에 '침례교도'로 불린 이들이 미국에 들어와서는 남침례교회, 북침례교회로 갈라졌고, 남침례교회는 현재 가장 큰 교단을 이루고 있다.

이 교단이 부패하자 여기서 분리되어 나온 목사들이 신학교와 교회를 세워 사역하게 된 것이 독립침례교회이다. 피터 럭크만 목사도 남침례교회에서 안수받고 나와서 독립침례교회의 목사로 사역하다가 독립침례교회들이 킹제임스성경을 버리려고 하자 혼자서 그것에 저항한 것이다. 만일 그와 같은 배교의 물결을 그가 막지 않았다면 오늘날 킹제임스성경은 사라지고 다른 변개된 성경이 그 자리를 차지했을 것이다. 하나님께서는 럭크만 목사를 사용하셔서 이를 막으신 것이다.

바른 교회를 구별하는 법

한국 교회들 가운데서는 성경적으로 믿는 교회를 구별하기가 더 쉽다. 우선 유아 세례를 실행하지 않는 곳을 찾으면 된다. 유아 세례를 주지 않는 교단은 단 하나, 침례교뿐이다. 미국 성도들은 피터 럭크만 목사에게 신학을 배웠지만 Bible Baptist Church라는 이름을 쓰기도 하고 쓰지 않기도 한다. 미국인들은 목사가 어느 신학교를 나왔는지, 어떤 교리를 가르치는지를 살펴보고 교회를 정한다. 우리는 럭크만 목사의 제자들이 세운 수백 개 교회와 선교 사역 중 백여 교회 이상과 교제하고 있으며 선교사들을 지원하고 있다.

독립침례교회가 한국에 들어간 것은 1950년대였으며, 우리에게 낯익은 성서침례교회가 그것이다. 그러나 성서침례교회는 가장 우선시되어야 했을 킹제임스성경의 한국어

번역 과업을 이루지 않았고, 또 교리마저 기존 교단들과 타협했다. 그 결과 그들의 사역은 미미한 정도에 그치고 말았으며 설립 후 60, 70년이 지났는데도 성서침례교회를 아는 사람들도 별로 없다. 결국 그들은 한국 교계에 은혜 복음의 교리를 확고히 세우지 못하고 말았다. LA 지역에 세워진 몇 개의 성서침례교회도 우리 교회처럼 목사가 와서 자생적으로 세운 교회가 아니라 한국에서 성서침례교회를 다니다가 미국으로 이민 온 교인들을 모아서 하는 정도에 불과하다. 교회 개수가 늘어난 것은 부흥이 아닌 분열의 결과였다. 이들이 이처럼 하나님의 사역이라는 면에서 미미하게 된 이유는 하나님의 바른 성경을 거절했기 때문에 하나님께서 열매를 주시지 않은 것이다.

피터 럭크만 목사는 미국 침례교회들 사이에서 가장 유명한 부흥 강사 중 하나였으며, 전국의 수많은 교회에서 초청받아 순회하며 설교했었다. 그랬던 그가 동료 목사들에게 배척을 당한 이유는 단 하나, 그들이 킹제임스성경을 버리고 변개된 성경을 쓰려 할 때 그것은 마귀가 변개시킨 성경이라고 진실을 단호히 주장했기 때문이다. 또 자신이 인재들을 열심히 키워 신학교에 보냈더니 졸업할 때는 하나같이 킹제임스성경을 부인하는 사람이 되어 나오는 것을 보고 결국 부흥 강사로서의 길을 접고 교회와 신학교를 세웠다. 그 열매로 성경적으로 믿는 교회들이 미국 전역뿐 아니라 세계 곳곳에 세워지게 되었다.

성경적으로 믿는 교회 사역의 열매

성경적으로 믿는 교회에서 양육을 받아야 바른 교리를 알 수 있다. 음식을 먹는 것에 비유하자면, 정갈한 음식과 더러운 음식 중 무엇을 먹고 싶은가. 더러운 음식을 먹는다면 그 당시에는 모르지만 점차 시들해지고 병에 걸리는 것이다. 영적인 문제도 마찬가지다. 순수한 성경에 의한 순수한 교리를 배우고 받아들여야 하는데, 오늘날 교계의 현실은 그렇지 못한 실정이다. 주님께서는 나를 구원해 주시고 성경적으로 믿는 미국 독립침례교회에서 믿음 생활하게 해 주셨으며, 신학 과정을 완수하고 교회를 섬기다가 안수받고 이곳 LA로 파송을 받아 성경적으로 믿는 교회를 시작하게 하셨다.

사역의 초창기부터 우리와 함께한 모친님이 계시다. 한국의 유명한 교단 총회장 목사의 아내였던 그분은 내가 목회를 시작한 첫 주부터 나오셨다. 다른 교회에서 대접 받으며 다니던 것도 마다하고 나와서 우리 교회 예배에 참석하셨다. 그렇게 단 한 명의 성도로 시작했고 그 뒤 한 사람, 한 사람, 진리를 찾아서 오기 시작했다. 우리 교회는 그렇게 시작되었다. 내가 원한다고 교회를 시작한 것도 아니었고, 부모가 서원을 해서 목사가 된 것도 아니었다.

나는 목회자가 되기를 원했던 사람이 아니었고 지금도 내가 원하는 대로 하자면 목회보다는 복음 전도자가 되고 싶다. 한국에서는 목사가 결혼 상대자의 직업 일순위로 꼽힌다고 하는데, 나는 도무지 이해가 가지 않는다. 이 어렵고 힘든 목회의 길이 무엇이 좋다고 선호하는 것인가. 나는 하나님의 부르심에 복종하고 목사가 된 것이다. LA에 왔을 때는 소위 '무작정 상경'하는 심정으로 가족들을 데리고 왔다.

대부분의 이민 교회는 가족, 친척들이 모여서 시작된다. 나의 친척 중에는 유명한 목사가 있는데, 그가 처음 교회를 시작할 때 삼대에 걸친 대가족이 모두 모이자 그 수가 100명이 넘었다. 나는 뉴햄프셔에서 모든 가산을 정리하고 아내와 9살, 6살 된 두 아이들과 함께 무작정 LA에 와서 교회를 시작했다. 우리 사역의 모든 것은 전적으로 하나님께서 이루어주신 것이지 나 자신이 인간적으로 성취한 것이 단 하나도 없다.

잃어버린 혼들에게 복음을 전해야 한다는 열정 하나로

와서 처음에 한인 마켓에 가서 개인적으로 복음을 전하는 것으로 시작했다. 당시에는 구원을 설교하는 이가 없으니 내가 구원의 복음을 전하면 구원파 목사냐는 소리를 들었다. 그러던 중 지역 신문에 변개된 성경의 역사에 대한 글을 써서 게재하기 시작했다. 우리로서는 물질이 부족했기 때문에 가장 저렴한 지역 신문을 택했다. 여담이지만 당시 우리 글 때문에 그 신문의 지명도가 높아지는 계기가 되기도 했다. 이 글로 성경 공부를 하는 사람들이 생겨서 사람들이 신문을 몇십 부씩 가져가기도 했다. 그러면서 우리 교회가 알려지고 한 사람씩 오는 계기가 되었다. 하나님께서 타이프를 칠 자매님을 보내 주셔서 내 글이 한국일보와 중앙일보에 게재되었고 그것을 읽은 사람들에게서 연락이 왔다. 그렇게 사역이 자리잡기 시작했다. 인간적인 방법으로 한 것이 아니라 그때 그때 우리가 가진 역량 안에서 최선을 다했을 뿐이고, 우리를 여기까지 인도해 주신 것은 온전히 주님의 은혜였다.

　그 후 하나님께서 우리에게 인터넷 사역을 담당할 수 있는 형제님을 보내 주셨다. 내가 그 형제님, 자매님에게 무엇을 하라고 지시한 것이 아니라 자연스럽게 본인들이 자원하여 참여하게 된 것이다. 영적으로 열악하고 척박한 환경이었지만 신문에 글을 내고 거리에 나가서 설교하고 집집마다 방문하면서 복음을 전했다. LA 지역 사람들은 70-80%가 이미 교회에 다니는 상황이니 그들이 우리 교회에 올 리가 만무했다. 구원받았느냐고 물으면 그들에게 너무 생소하게 들려 우리를 구원파 이단이라고 하고, 한글 킹제임스성경도 그들에겐 생소하기만 했다. 그러나 지금은 주님께서는 우리에게 교회 건물도 주셔서 성도들이 편안하게 하나님의 말씀을 들을 수 있도록 해 주셨다. 나는 지난 27년 동안 건물을 짓도록 건축 헌금 내라는 말을 한 번도 한 적이 없다. 이것이 어떻게 인간의 힘으로 될 수 있었겠는가. 이 모든 것은 하나님께서 주신 것이다.

10년 전에는 목회자를 북가주에 파송하여 산호세 교회를 설립하게 되었고, 그 교회의 유튜브 영상을 통해 영어 설교를 듣는 구독자는 현재 47만 명이 넘는다. 그들이 복음을 듣고 구원받는 역사가 매일같이 일어나고 네덜란드, 인도, 칠레 등지에서 비디오를 본 사람들이 그 지역에 나가 있는 선교사와 연결되어 교회가 형성되는 계기들이 마련되고 있다. 미국에 있는 성경적으로 믿는 교회를 소개해 달라는 이메일도 연일 들어오고 있다. 이는 모두 하나님께서 하시는 일이며, 성도들이 신실하게 사역에 함께 임했기 때문에 얻어진 결실이다.

또 하나님께서는 성경 교사들, 찬양 인도자, 찬양 팀을 주셨고 성도들의 참여로 유튜브, 인터넷 사역을 활성화 해 주셨다. 우리의 자녀들이 사명감을 가지고 거리에 나가 지옥 가지 말라고 외치며 복음을 전하고 있고, 기술이 있는 형제들을 보내 주셔서 라디오 방송 채널에 설교가 나가고 있다. 이렇게 모두가 자발적으로 참여해서 사역을 함으로써 수많은 사람들이 킹제임스성경에 대해 알게 되고 은혜의 복음을 믿게 되었다.

모이기에 힘쓰라

심히 부패하고 진리의 지식이 전무한 한국 교회들의 현 상황 속에서 유일한 희망은 성경적으로 믿는 사람들의 교회이다. 우리 교회에서는, 유튜브와 인터넷을 통해 우리의 설교를 듣고 성경 공부를 하고는 있지만 그 지역에 참석할 교회가 없는 이들을 위해 원거리 사역을 시작하였다. 현재 많은 이들이 원거리 사역을 통해 신앙 생활에 도움이 되는 책자도 받고 자신의 지역에서 복음을 전하고 있다. 이것이 활성화되어 궁극적으로 그 지역에 성경적으로 믿는 지역 교회가 세워지는 것이 우리의 목표이다. 울부짖는 사자처럼 삼킬 자를 찾는 마귀가 있기에 혼자서 동떨어져 믿음 생활을 영위한다는 것은 불가능하다. 마지막 때가 가까이 올수록 더욱 모이기에 힘쓰며 믿음 생활을 해야 한다.

이 마지막 때에 한국인들이 구원받을 수 있는 길은 바른 교회를 통해서 바른 성경과 교리가 전파되는 것뿐이다. 그것만이 믿는 이들을 총체적 부패에서 건질 수 있는 길이다. 오늘날 목사들은 지옥에 대해 경고조차 하지 않기 때문에 은혜의 복음이 올바로 전파되지 못하고 있다. 그들의 손에 맡겼다가는 대한민국, 북한, 해외 동포들까지 합해 8천5백만의 한국인들이 그대로 지옥으로 떨어지고 만다. 우리는 거짓 목사들과 사탄의 종들을 대적하고 잃어버린 혼들에게 복음과 진리를 전해야 하며, 오직 성경적으로 믿는 사람들만이 그 일을 할 수 있다.

모든 사람의 손길이 필요하다. 직접 복음 전파에 참여할 수 없다면 기도로써, 물질로써 동참할 수 있다. 우리의 모든 사역, 유튜브, 웹 사이트, 서적, 신문과 라디오 방송, 24시간 인터넷 라디오 방송을 통해 진리를 공부해야 하며, 혼을 멸망으로 인도하는 거짓 교회에서 나와 바른 믿음을 지키며 그 지역의 복음 전파를 위한 도구가 되어야 한다.

하나님께서는 우리가 전하지 않고 경고하지 않음으로

인해 멸망하는 자들의 피를 우리 손에서 요구하신다고 경고하신다(겔 3:18). 우리는 영적 살인자가 되어서는 안 된다. 나는 이 세상에서 가장 큰 교회를 하기 위해서 사역자가 된 것이 아니다. 성경적인 교회, 하나님 보시기에 아름다운 교회를 이루기 위해서 성도들을 양육하는 것이다.

구원받은 후
성도의 교회 생활

　너희를 다스리는 자들에게 순종하며 복종하라. 그들은 너희 혼들을 위해 깨어 있기를 자기들이 마땅히 설명해야 할 것처럼 하느니라. 그들로 기쁨으로 하게 하고 슬픔으로 하지 않게 하라. 이는 그것이 너희에게 유익이 없음이라. 우리를 위하여 기도하라. 이는 우리가 매사에 정직하게 살고자 하는 선한 양심을 가진 것을 확신하기 때문이라. 그러나 내가 너희에게 더 열심히 이 일을 행하기를 간구하노니, 이는 내가 너희에게 더 속히 돌아가려 함이라. 이제 양들의 큰 목자이신 우리 주 예수를 죽은 자들로부터 다시 이끌어 내신 평강의 하나님께서 영원한 언약의 피를 통하여 모든 선한 일에 너희를 온전케 하사 그의 뜻을 행하게 하시고 예수 그리스도를 통하여 그분이 보시기에 참으로 기쁨이 되는 것을 너희 안에서 이루시기를 원하노라. 영광이 그분께 영원무궁토록 있을지어다. 아멘」(히 13:17-21).

성도의 양육

성경적으로 믿는 교회에서 양육받는 것은 말할 수 없이 중요하다. 그리스도인으로서 삶의 성공과 실패는 구원 이후 어떻게 양육을 받는지에 달려있다. 올바른 교회에서 양육받는 것은 이 세상에서 어떻게 살아나가고 삶을 통해 어떤 결과를 맺는지에 지대한 영향을 주는 것이다. 성경의 교리를 배우는 것과는 다르게 이러한 실용적인 내용을 배우고 이를 실생활에 적용함으로써 큰 유익을 얻을 수 있다.

구원받은 후에 바른 성경적으로 믿는 교회를 찾았다면 첫 단추를 잘 끼운 것이다. 이제 그다음으로 가장 중요한 것은 바른 교회에서 받는 양육이다. 양육을 어떻게 받는지에 따라 그 성도의 모든 미래, 심지어 그리스도의 심판석에서 받는 심판, 영원 세계로 이어지는 상급까지도 달라진다. 양육은 성도의 생활 자체를 달라지게 만들기 때문이다.

많은 사람은 구원을 받았으면 더이상 지옥에 가지 않으

니 괜찮다고 생각할 수 있다. 그러나 만일 양육받지 못하고 육신을 따라 자기 뜻대로 살면 그 결과는 이 세상에서 비참해지고, 간증도 나빠지며 주님과의 교제도 제대로 할 수 없게 되는 것이다. 영원한 혼의 저주에서는 벗어났지만 이 세상을 살면서 일시적인 저주, 하나님의 징계를 받을 수 있다.

구원을 받았으니 멋대로 살겠다는 것은 잘못된 생각이다. 하나님께서 원하시는 것은 「**이제 양들의 큰 목자이신 우리 주 예수를 죽은 자들로부터 다시 이끌어 내신 평강의 하나님께서 영원한 언약의 피를 통하여 모든 선한 일에 너희를 온전케 하사**」(히 13:20,21). 구원받은 것이 끝이 아니다. 영원한 언약의 피로 구원을 받았다면, 그에게 주님께서 원하시는 것은 모든 선한 일에 온전케 되어 주님의 뜻을 행하는 것이다. 구원받은 자로서 자신이 원하는 대로 사는 것은 비성경적인 것이며 비참한 열매를 거두게 만든다. 지옥은 가지 않더라도 그 삶은 얼마든지 비참해질 수 있다. 죄 속에서 사는 그리스도인들은 이 세상에서 비참한 삶을 산다. 기쁨도 없고 세상 사람들 앞에서 떳떳하지도 못하다. 주님께서 원하시는 대로 빛과 소금의 역할도 하지 못하고 세상과 타협한 채 살아간다. 그것은 주님께서 원하시는 것이 아니다.

「모든 선한 일에 너희를 온전케 하사 그의 뜻을 행하게 하시고 예수 그리스도를 통하여 그분이 보시기에 참으로 기쁨이 되는 것을 너희 안에서 이루시기를 원하노라」(히 13:21). 주님께 기쁨이 되는 일을 해야 한다. 우리는 주님을 기쁘시게 하는 일을 하든지 아니면 슬프시게 하는 일을 하든지, 둘 중 하나다.

그렇다면 구원받은 지역 교회에 참여한 뒤 어떻게 해야 성공적인 믿음 생활을 할 수 있는가.

「너희를 다스리는 자들에게 순종하며 복종하라」(히 13:17). 양들을 이끄는 목자가 인도할 때 따라야 한다. 목자장인 주님께서는 지역 교회를 다스릴 수 있는 목자를 주셨다. 목자가 양을 치는 데 있어 불순종하는 양이 있으면 어떻게 되겠는가. 그는 목자에게 슬픔이 될 뿐 아니라 주님께도 슬픔이 되고 자기 자신도 양육받지 못하고 아무런 열매도 맺을 수 없다. 지역 교회에 와서 가장 우선적인 것은 목자에게 순종하며 복종하는 것이다. 그런데 어떤 목자에게 복종해야 하는지가 중요하다. 성경의 이런 구절들을 들어서 거짓 목사들은 교인들에게 복종을 강요하지만 그들은 자격 미달이다. 「그들은 너희 혼들을 위해 깨어 있기를 자기들이 마땅히 설명해야 할 것처럼 하느니라」(히 13:17).

그리스도인이 복종해야 할 목자는 성도들의 혼을 위해 깨어 있는 자들이다. 그런 목자를 따라가야 한다. 자신의 이익을 위해 깨어 있는 자들, 양들을 먹이기는커녕 잡아먹는 자들, 보호하기는커녕 양들을 망가뜨리는 자들이 아니다. 한국 교회에 이런 거짓 목자들이 많은 이유는 처음부터 바른 성경, 바른 교회, 바른 목자가 없었기 때문이다. 그들에게 복종하는 것은 함께 멸망하는 것이며 죄에 동참하고 하나님을 슬프시게 하는 것이다.

거짓 목사들은 혼들을 위해 깨어 있는 것이 아니라 어떻게 하면 교회에 돈을 더 많이 내게 해서 자신들의 배를 불릴지에 몰두한다. 교인들이 힘들게 낸 헌금으로 목사들이 부를 축적하고 수억을 들여 자녀들을 미국에 유학 보내며 자녀들 앞으로 기업을 차려 주고 있다. 그들에게 복종해서는 안 된다. 양들을 보호하지 않는 목자는 따라가서는 안 된다. 그들은 보호해야 할 대상을 오히려 이용하고 있는 것이다.

목자의 임무는 양들을 보호하는 것이다. 양들은 하나님께서 보호해 주시지만 지상에서는 참된 목자가 그들을 보호한다. 양들은 그런 목자에게 순종하고 복종해야 한다. 늑대, 이리, 호랑이, 사자들이 들어오면 양들이 잡혀먹히지 않도록 그들을 막아야 하는데, 그 일을 할 수 있는 목자가 참된 목자이다. 늑대나 이리가 들어오는데 도망가는 목자도 있다. 그들은 하나님께서 부르시지 않은 자들이며, 그런 목자에게 순종해서는 안 된다.

목자는 또한 양들을 먹여야 한다. 좋은 꼴을 찾아서 양들을 그곳으로 인도하여 마음껏 그 꼴을 먹게 해야 한다. 36,000군데가 변개된 카톨릭 성경을 가지고 먹이고 있는 것은 오염된 꼴을 먹이는 것과 같다. 그것을 가지고서는 진리를 찾을 수 없다. 그들은 마귀의 종이지 하나님의 종이 아니다. 순수하고 깨끗한 꼴을 찾아서 먹여 주는 목자를 따라가고 순종해야 한다.

마땅히 순종해야 할 목자는 영적 양식인 하나님의 말씀을 정확하게 알고서 가르쳐야 한다. 바른 성경인 킹제임스성경을 갖고 있다고 해서 다가 아니다. 바른 성경은 누구나 갖고 있어야 한다. 학교에 가면 교과서가 있어야 공부를 하는 것과 마찬가지다. 그리스도인의 교과서인 바른 하나님의 말씀이 킹제임스성경이다. 여호와의 증인, 몰몬교도, 안식교도들도 킹제임스성경을 사용할 수가 있지만 그렇다고 해서 그들이 올바른 교리를 가르치는 것이 아니다. 그 성경을 가지고 정확하게 말씀을 나누어서 가르쳐 영적 양식을 나누어 줄 줄 알아야 한다. 그렇지 못한 목사라면 따라갈 필요가 없다.

또 목자는 양무리에게 본이 되어야 한다. 오늘날 많은 목사는 각종 비리에 연루되어 언론에 보도가 되어 있다. 사기 치고 징역 2년 6개월까지 받은 목사를 아직도 따라가는 교인들도 있다. 북한이 여전히 자국민을 살상하고 종교를 가질 자유를 억압하는데도 아랑곳하지 않고 종북주의를 표방하는 목사들, 강대상에서 그럴 듯한 말로 헌금을 걷어 교회 빌딩을 크게 짓고 호화스럽게 사는 목사들을 추종해서는 안 된다.

「**그들로 기쁨으로 하게 하고 슬픔으로 하지 않게 하라. 이는 그것이 너희에게 유익이 없음이라**」(히 13:17). 목자들은 하나님의 사람들이다. 큰 목자이신 예수님께서 셋째 하늘로 승천하신 뒤 지상에 있는 양무리들을 위하여 목자들을 주셨다. 양무리들은 그리스도의 군사이며, 대장은 예수님이시다. 군대의 대대에 비교해서 생각해 보면, 대대장이 있고 그 아래에 중대장들이 있는 것과 같다. 주님께서는 성도들이 목자들에게 양육을 받아 그리스도의 군사로 준비되어 전쟁에 임할 수 있도록 하셨다. 만일 성도들이 문제를 일으키고 복종하지 않아 목자가 기쁨으로 사역에 임하지 못한다면, 양무리에게는 유익이 없을 뿐 아니라 교회가 하나님의 뜻을 이룰 수 없게 된다.

영적 양식을 섭취

구원받은 사람들이 교회에 오면 영적 양식을 섭취해야 한다. 이것은 아기가 태어나자마자 모유를 먹는 것과 마찬가지다. **「갓난 아기들로서 순수한 말씀의 젖을 사모하라. 이는 너희가 그것으로 인하여 자라게 하려 함이니라」**(벧전 2:2). 영적인 갓난 아기로 태어났으면 순수한 말씀의 젖을 사모하여 진리인 하나님의 말씀을 배우고자 해야 한다. 말씀으로 받는 양육은 그리스도인으로서 미래를 결정하는 중요한 기초가 되기에 우리 교회에서는 갓 구원받은 성도들에게 기초 교리를 체계적으로 가르친다. 구원받은 성도로서 알아야 할 가장 기초적인 주제, 즉 구원의 영원한 보장, 지역 교회 참석, 침례, 성경 공부, 기도, 헌금, 성별된 삶, 예수님을 증거하는 것, 성도의 교제, 구원받은 자가 짓는 죄, 세상에서 그리스도인의 삶, 표적의 은사, 그리스도의 심판석을 먼저 배운다.

이것은 건축에 비유하면 기초 공사와 같아서, 바람이 불 때 무너지지 않으려면 가장 먼저 기초를 단단히 다져야 한다. 그 뒤에는 거듭남, 구원에 관련된 용어, 삼위일체, 성령님의 사역 등 중간 단계의 주제를 공부하고, 마지막으로는 조직신학을 공부한다. 이 과정을 모두 거치면 신학교에서 가르치는 조직신학을 다 배운 것이고 교리적인 뼈대가 서게 된다. 분별력이 생겨서 성경적인 목사와 거짓 목사를 구분할 수 있고 온갖 거짓 교리에 이리저리 끌려다니지 않게 된다.

설교는 일상 생활에 적용할 수 있는 실천적인 내용을 다루기 때문에 교리의 기초가 없이 설교만 듣는다면 영적으로 제대로 성장할 수가 없다. 교회에 와서 설교만 듣는다면 자신이 많이 안다고 착각할 수 있지만 정작 교리적으로 아는 것이 없게 된다. 기초없이 집을 쌓을 수 없는 이치와 같다.

기초 교리를 마쳤다면 성경 공부에 참여한다. 창세기부터 요한계시록까지 성경 66권을 한 구절, 한 구절씩 공부하는 과정이다. 기존 교단 신학교에서는 성경을 가르치지 않기 때문에 그 신학원을 나온 목사들은 성경을 제대로 배우지 못했다. 그래서 그들이 하는 설교를 들어보면 교리적으로 전혀 맞지 않는 것을 알 수 있다. 성경 66권을 알아야 속지 않는다. 지금까지 내가 가르친 모든 내용은 유튜브에서 볼 수 있고 일부는 24시간 인터넷 라디오 방송에서 들을 수 있다.

성경을 모르면 강대상에서 가운 입고 설교하는 사람이 마귀의 종인지 하나님의 종인지 구별하지 못하고 모두 다 같은 목사라고 생각하게 된다. 그러나 진리가 아닌 거짓을 전하는 자들은 목사가 아니라 이리요 뱀들이다. 왜 이상한 검은 가운을 입고 설교하는 것인가. 특히 교황은 머리에 물고기 신 '다곤'의 형상을 쓰고 희한한 복장을 하고 다니는데도 수많은 사람들이 그를 좇아간다.

성경공부 후에는 설교를 들어야 한다. 성도가 이미 알고 있는 것이지만 도전과 찔림을 주어 일상생활에서 반복되는 잘못된 습관이나 성품을 바로잡아주는 것이 설교이다. 새로운 것을 배우는 것이 아니라 교리 공부, 성경 공부를 통해 배운 내용으로 도전을 주고 변화받아 예수님을 따르도록 인도하는 것이 설교이다.

성도에게 기초 교리, 성경 공부, 설교, 이 세 가지 모두 중요하다. 하나만 듣게 되면 영적인 영양실조로 죽는 것이다. 밥, 야채, 고기가 있듯 이 세 가지가 모두 있어야 영양을 골고루 섭취하고 성장할 수 있다. 교회에 설교만 들으러 온다면 반찬 없이 밥만 먹는 셈이다. 혈당이 올라가고 지방이 쌓여 당뇨, 고지혈증이 올 것이다. 또 설교는 듣지 않고 교리만 공부하는 것은 매 끼니에 고기만 먹는 것과 같다. 편식을 하면 건강하게 살 수 없듯 이 세 가지를 골고루 섭취하지 않는 사람은 균형이 깨져 반드시 믿음 생활에서 문제에 직면하게 된다. 정확하고 균형잡힌 영적 판단력을 갖지 못하고 어떤 부분에서 극단적이 되고 어떤 부분은 완전히 부족하게 된다. 이 세 가지를 모두 갖춤으로써 정확한 영적 성장이 이루어지고 영적 어린아이의 상태에서 벗어날 수 있다.

사랑의 교제와 섬김

또한 형제간에 사랑으로 교제하고 한마음이 되어야 한다. 「**이로써 우리가 하나님의 사랑을 아노니, 이는 그분이 우리를 위하여 자신의 생명을 내어 놓으셨음이라. 따라서 우리도 형제들을 위하여 우리의 생명을 내어 놓는 것이 마땅하도다**」(요일 3:16). 예수 그리스도께서 자신의 생명을 내어 놓으심로써 우리가 구원받게 되었다면 그와 마찬가지로 우리도 형제, 자매들을 위하여 생명을 내어 놓는 것이 마땅하다. 우리의 생명은 우리 자신의 것이 아니기 때문이다. 구원을 받은 사람의 몸과 영은 그 사람 자신의 것이 아니라 하나님의 것이다.

성도들 간에 하나님 말씀으로, 사랑으로 하나가 되어야 한다. 사랑이 없으면 하나가 될 수 없다. 이것은 가족 간에도 마찬가지다. 인간은 완전하지 못하기 때문에 문제가 일어날 수밖에 없는데, 이때 사랑이 없이는 극복이 되지 않는다. 가족들 사이에서도 사랑이 없기 때문에 부모와 자식, 형제들 사이가 갈라지게 된다. 교회에서 형제들 간에 갖는 교제는 사랑으로 이루어져야 한다.

교회에 처음 오는 사람들은 서먹하고 교회에 대해서 잘 모르기 때문에 형제간의 사랑이 더욱 절실하다. 영적인 것에 대해 많이 모르기 때문에 누군가가 교제를 통해 도와주어야 한다. 서로 간의 교제를 통해 배우고 양육을 받으면서 믿음 생활을 잘 하다가도 문제가 일어날 수 있다. 갓 구원받아 하나님 말씀으로 양육받는 사람들은 열정이 뜨거운 경우가 많다. 하나님을 위해서 목숨을 바치겠다는 마음으로 시작하고, 성경적으로 믿는 교회에 대한 기대감도 큰 상태에서 교회에 온다. 그러나 기대했던 것처럼 성경적으로 믿는 교회가 완전하지 않다는 것을 깨닫는다.

우선 알아야 할 것은 성경적으로 믿는 교회에 나오는 사람들 가운데에도 여러 부류가 있다는 점이다. 그중에는 구원받은 지 얼마 되지 않은 사람들도 있고, 오래 전에 구원받고 수년, 수십 년 동안 믿음 생활을 해 온 사람들도 있다. 이처럼 영적 성장의 기간이나 개인적인 성품, 환경이 모두 다른 구원받은 죄인들이 한데 모여 주님을 섬기는 곳이 교회인데, 이것을 잘 이해하지 못하고 성경적으로 믿는 사람들에 대한 특정 선입견을 갖고 오면 나중에 '저 형제는 왜 저럴까, 저 자매는 왜 저럴까' 하는 생각을 품을 수 있다.

이렇게 다른 사람을 판단하는 것이 가장 위험한 고비이다. 이를 잘 넘기면 남아서 오래 믿음 생활을 하게 되지만, 이것에 걸려 넘어지면 자신이 대단히 의롭다는 착각 속에서 실족하게 된다. 그런 사람들은 결국 자기 자신도 의롭지 못한 인간이라는 것을 한참 뒤에 가서야 깨닫게 된다.

교회는 완전한 사람들이 모이는 곳이 아니라 불완전한 사람들이 모여서 온전함을 향해 나아가는 곳이다. 완전하신 분은 이 세상에 오직 한 분, 예수 그리스도뿐이시고 그분 외의 모든 사람은 완전하지 못하다. 본인 자신도 완전하지 못하면서 남을 판단하는 것은 죄이며, 자기 눈의 들보는 보지 못하고 남의 눈의 티끌만 보는 것이다. 이러한 죄에 빠지지 않도록 주의해야 한다. 다른 사람의 잘못이나 실수, 허점이 보일 때 그로 인해 실족하는 대신 그들을 위해 기도해야 한다.

다른 성도와 문제가 있을 때 상담도 하지 않고 소문부터 내기 시작하는 사람들이 있다. 교회에 나오면서 알아야 할 가장 중요한 원칙은 소문으로 교회가 망가지고 분열된다는 사실이다. 소문을 내는 것이야말로 교회에서 가장 위험한 일이다. 개인적으로 죄를 짓는 것은 개인이 주님 앞에 짓는 것이며, 설교 말씀을 듣고 돌이키고 고치면 된다. 그러나 교회에 나와서 자기가 본 것을 다른 사람들에게 얘기함으로써 교회를 더럽게 하는 것은 고치기가 힘들다. 그래서 다른 사람 일에 참견을 하지 말도록 설교 시간에 누누이 강조를 하는 것이다.

누군가가 잘못한다면 목사가 이를 보고 지도하고 치리하고 양육을 할 것이다. 자신도 완전하지 못하면서 남들을 지적하고, 거기서 더 나아가 옆에 있는 사람들에게 말을 퍼뜨려 교회를 어지럽히는 일이 일어나는 것은 목회자에게 가장 슬픈 일이다. 부모가 자녀를 키우는데 자녀들이 화목하지 못하고 서로 다투기만 한다면 부모의 마음이 어떻겠는가. 하나님께서 부르신 목자의 마음도 이와 마찬가지다.

영적 성장의 과정 중 누구나 거쳐가는 단계인데 이를 잘 넘기는 사람은 더 성장하고 그렇지 못한 사람은 실족해서 떨어져 나간다. 목사는 교회 안에서 문제를 일으키는 사람을 성경적으로 치리하고 징계할 수 있으며, 징계받은 사람은 진정으로 회개하고 돌아올 수 있다. 성도들 간에 잘못한 것이 있다면 사랑의 기반 위에서 서로 자백하고 서로 용서해야 하며, 이로써 교회는 세움을 받는다.

하나님께서는 성도들이 사랑으로 섬기도록 각자에게 은사를 주신다. 각자가 받은 다양한 은사를 개발하고 사용하여 지체로서의 역할을 충실히 할 때 그 몸이 건전하게 되는 것이다. 그러나 피아노 치는 것이 좋아 보인다고 모두 피아노를 치겠다고 하면 어떻게 되겠는가. 피아노는 백 대를 두었어도 찬양하는 사람은 하나도 없지 않겠는가. 모두가 교사가 되겠다고 하면 학생은 어디 있는가. 논리의 비약처럼 들릴 수 있겠지만, 이는 현실적인 문제이다.

사람들은 모두 자신이 좋아하는 일을 하고 싶어한다. 몸의 지체 중 발가락이 싫다고 손가락이 되겠다고 하면 발가락이 하나 없어지는 것이다. 그렇게 된다면 제대로 걸을 수 없을 것이다. 발가락이 얼마나 중요한지 모르는 것이다.

은사는 하나님께서 각인에게 나누어주시는 것이고, 그것으로 자연스럽게 그 분야에 가서 일을 하게 되어 있다. 교회에 와서 배우고 교제만 하는, 그런 피동적인 상태에서 이제는 벗어나서 스스로 섬기는 성숙한 지체가 되어야 한다. 주방에서 수고하는 손길들이 있기 때문에 불편없이 예배를 드리고, 행사가 있을 때에도 섬기는 지체들이 있기 때문에 참가자들이 활동을 할 수 있는 것이다. 나서서 동참하는 사람들이 없다면 행사를 치르는 것은 불가능하다. 하찮게 보이는 일도 중요하게 여기고, 하나님께서 맡겨 주신 일들을 불만 없이 기쁜 마음으로 하는 것이 가장 중요하다.

하나님께서는 우리가 지금까지 일구어 온 여러 가지 사역으로부터 지속적인 열매를 허락하셨다. 그러한 열매들은 내가 설교만 한다고 해서 저절로 얻어진 것이 아니다. 영상을 찍어 편집하고 인터넷에 올리는 작업을 하는 많은 손길이 있었기에 가능한 것이다. 곳곳에서 누군가가 그 일을 하기 때문에 계속적으로 이루어지는 일이다. 신문에 우리의 글이 매주 나가는 것도 누군가가 매주 작업을 하기 때문이다. 두 군데 라디오 방송으로 나가는 것도 누군가가 파일을 보내기 때문이다. 찬양을 드리는 것도, 아이들이 악기 연주를 하는 것도, 유아실에서 봉사하는 일도, 누군가가 하는 일들이다. 사역 초기에는 나와 내 아내가 모든 것을 도맡아서 했었다. 음치인 내가, 한국 찬송가는 본 적도 없는 상태에서 찬양 인도까지 했으니 더이상 무엇을 말하겠는가. 그러나 그 뒤에 성도들이 한 사람씩 더해져서 사역이 이만큼 성장하게 되었다.

오래된 우리 교회 건물도 관리할 손길이 필요하고, 손재주 있는 사람들은 할 수 있는 일들이 많다. 구령 사역, 거리 설교, 축호 방문도 처음에는 우리 네 식구만 가지고 시작했지만 점차 성도들이 늘면서 사역이 커지게 되었다. 우리 각자에게 하나님께서 주시는 은사를 써서 할 수 있는 일들이 있다. 사랑으로 서로 섬기는 이 일에 누구나가 참여해야 한다.

끝으로, 성도의 교제 시 주의해야 할 점이 있는데, 서로를 실족시켜서는 안 된다는 것이다. 사도 바울은 지체들을 실족하게 만드는 것이라면 고기도 평생 먹지 않겠다고 했다(롬 14장, 고전 8장). 구원받은 사람은 감사함으로 얼마든지 고기를 먹을 수 있지만 자신의 먹는 모습을 보고 누군가가 실족하게 된다면 차라리 먹지 않겠다고 한 것이다. 여러분도 모든 것을 다 할 수 있지만 그것으로 누군가가 실족하게 된다면 하지 말아야 한다.

믿음이라는 것은 모두에게 차이가 있다. 어떤 사람은 강한 믿음을, 어떤 사람은 약한 믿음을 소유하고 있다. 믿음이 약한 사람은 믿음이 강한 사람에 대해 의문을 가질 수 있다. '어떻게 우상에게 바친 고기를 스스럼없이 먹을 수 있는가. 저 사람은 정말 믿음이 있는 사람인가.' 자신의 수준으로 다른 사람을 보는 것이다. 초등학생이 대학교 교과서를 본다면 이해할 수 있겠는가. 이와 같은 믿음의 차이 때문에 연약한 사람들이 이해할 수 있을 때까지는 그들을 실족시키지 않도록 조심해야 한다.

하나님께서 나에게 주신 소명은 순수한 교회, 성경적인 교회, 아름다운 교회, 모범이 되는 교회를 세우는 것이다. 한국 교회 중에는 그런 교회가 없다. 우리 교회를 통해 믿음, 교리, 가르침, 실행까지 배워야 한다. 우리의 사역, 특히 원거리 사역을 통해 그런 교회들을 세우고자 한다.

교회를 순수하게 유지하기 위해서는 교회 안에서 금전 문제를 일으킨다든지, 성도들을 대상으로 사업을 하려 한다든지, 교만해서 자기 주장만 하고 다른 사람들의 말은 귀기울이지 않는 사람들이 없어야 한다. 새로 온 지체들이 있다면 사랑과 인내로써 진리 안에서 교제해서 믿음이 성장하도록 이끌어 주어야 하며, 사생활에 대해 궁금증을 채우려는 식의 접근으로 오해와 불편함을 자아내는 일이 없어야 한다.

주님 오실 때가 가까운 이 마지막 때에, 교인 수를 늘려 대형 교회를 하는 것이 아니라 성도가 열 사람이 됐든 한 사람이 됐든, 진리 안에서 순수하고 아름다운 교회를 주님께 드리는 것이 우리 사역의 목표이다.

구원받은 후
성도의 가정 생활

「아담이 모든 가축과 공중의 새와 들의 모든 짐승에게 이름을 주었으나, 아담이 자기를 위해 돕는 자는 찾지 못하더라. 주 하나님께서 아담을 깊은 잠에 빠지게 하시니 그가 잠드니라. 하나님께서 그의 갈비뼈 중에서 하나를 취하시고 살로 대신 거기를 채우시더라. 주 하나님께서 남자에게서 취했던 갈비뼈로 여자를 지으셔서 그녀를 그 남자에게로 데려오시니, 아담이 말하기를 "이는 이제 내 뼈들 중의 뼈요, 내 살 중의 살이니, 그녀를 여자라 부르리라. 이는 그녀가 남자에게서 취해졌음이라." 하니라. 그러므로 남자가 자기 아버지와 자기 어머니를 떠나서 자기 아내와 결합하리니, 그들이 한 몸이 될 것임이니라」(창 2:20-24).

　사역 초기에 신앙 상담을 위해 전화를 걸어오는 이들이 많았다. 많은 상담을 거듭하면서 알게 된 것은 잘못된 믿음생활을 함으로써 가정이 깨지는 경우가 많다는 것이었다. 전화를 걸어온 사람들은 대부분 이혼에 대해서 자신은 잘못이 없는 쪽이라고 생각했다. 이혼한 이유에 대해서 물으면 자신이 교회를 열심히 나가자 남편이 박해를 하기에 결국 이혼하기에 이르렀다는 대답들을 들었다. 그러나 이는 모두 교회에서 잘못 배운 것이다. 남편이 믿지 않는 사람이라면, 아내가 주 7일 매일같이 교회에 나가서 사는데 좋아할 남편이 어디 있겠는가. 그로 인해 부부간에 갈등이 생기면 자신이 박해를 받는다고 생각한다. 그런 사람들과 상담하는 중에 그 부분에 대해 성경적으로 질책한 적이 여러 번 있었다.

　본문은 하나님께서는 인간을 남자와 여자로 만드시고 가정을 이루게 하신 것에 대해 말씀한다. 가정은 남자와 여자가 이루는 것이다. 아담과 이브이지, 아담과 스티브(남자와 남자)가 아니다. 동성 결혼이 합법화된 미국은 이제 '아담과 스티브'가 합법적으로 결혼을 하는 세상이 되었다. 마지막 때가 온 것이다. 지금은 소돔과 고모라 때보다도 더 악한 세상이 되었다.

오늘 아침에 남자가 아이를 낳았다는 제목의 기사가 있길래 내용을 읽어보니 아이를 낳은 것은 트랜스젠더 남성, 다시 말하면 자신이 남자라고 착각하는 여성이었다. 그 남편(또는 아내)은 트랜스젠더 여성이었다. 듣기에도 헷갈리지만, 다시 말하면 아이를 낳은 남자는 여자였고, 그녀의 상대는 남자였다. 지금은 이런 웃지 못할 세상이 되었다. 하나님을 욕되게 하는 이런 이야기를 가지고 세상은 사진까지 찍어서 자랑스럽게 신문에 대서특필을 하고 있다. 사진은 남자 둘이 나란히 있는 모습이다.

이런 오늘날의 작태와 상관없이 성경은 남자와 여자가 가정을 이룬다고 말씀한다. 하나님께서는 가정을 통해 인류를 증가시키고 그 인류를 주님의 왕국 백성으로 삼기를 원하셨지만, 인류는 죄로 인해서 하나님 대신 사탄을 따라갔고 사탄의 자식들이 되었다.

가정의 중요성

하나님께서는 가정을 통해 주님의 영광을 드러내기를 원하신다. 가정이 굳게 서야 교회가 굳게 선다. 강성한 교회를 이루기 위해서는 가정이 단단해져야 한다. 예수님을 아주 열심히 믿었는데 그 결과가 가정이 파괴되는 것이었다면 그것은 분명히 목사나 교회가 잘못 가르친 결과이다. 열심히 믿는다고 하지만 가정을 소홀히 했기 때문에 일어난 일인 것이다. 그들 중 많은 이들은 구원조차 이상한 체험을 통해 받았다고 착각하고, 매일 교회에 나가서 살다시피 하고 있다.

수많은 사람들이 교회 생활을 하는 와중에 가정이 파괴되는 것을 경험하는데 이는 그들이 하나님의 교회가 아니라 마귀의 교회를 섬기기 때문이다. 실제로 오늘날 우리는 마귀의 교회와 하나님의 교회를 바르게 구분해야 하는 시점에 와 있다. 그렇지 않으면 혼란에 빠지고 '교회'란 으레 그런 것으로 인지하게 되는 것이다. 이것을 성경에 의거하여 바르게 알려 줄 의무가 우리에게 있다.

하나님께서는 가정을 통해서 거룩한 하나님의 교회를 이룰 뿐 아니라 성도들이 거룩한 삶을 살기를 원하신다. 빛과 소금이 되어 이 세상을 밝히기를 원하시는 것이다. 이렇게 중요한 가정이 파괴되도록 만드는 것은 마귀의 교회이다. 구원받기 전 세상을 따라 살 때 부부 사이에 있었던 문제점들이 하나하나 고쳐지고 제자리로 돌아가게 하는 것이 교회의 역할이다. 교회에서 양육을 받으면서 가정의 상처가 치유되어야 한다. 그런데 치유는 고사하고 오히려 가정들이 파괴되고 있다. 내 동창들 중 여러 명에게 그런 일이 일어났는데, 이유를 들어보면 '아내가 교회에 빠졌다'는 말들을 한다. 성경적인 교회는 결코 가정을 깨뜨릴 수 없다. 교회 사역에 걸림돌이 될 것 같으면 '이혼하라'고 조언 아닌 조언을 하는 목사들은 거짓 목사이다.

「남자가 자기 아버지와 자기 어머니를 떠나서 자기 아내와 결합하리니, 그들이 한 몸이 될 것임이니라」(창 2:24). 이것이 가정의 시작이며 가정을 통해 자녀들이 태어나고 번성하게 된다. 주님은 인류를 번성케 해서 그 인류의 경배를 받기 원하셨다. 번성하지 않으면 백성으로 삼으실 대상도 없는 것이다. 아담 하나만 앞에 두고 왕이 되실 수는 없는 것이다. 하나님께서는 이렇게 가정을 통해 주님의 백성을 증가시키신다. 그 가정이 빛과 소금의 역할을 하고 가정들이 모여 교회를 이루고 사람들에게 복음을 전파하는 것이다.

우리가 살면서 내리는 가장 중요한 결정은 예수 그리스도를 구주로 영접하는 것이고 그 다음으로 중요한 결정은 결혼 상대를 정하는 것이다. 결혼을 하면 죽는 날까지 함께 살아야 하기 때문이다. 결혼을 잘못하면 평생 고통을 받게 된다. 고린도후서 6장에는 성별에 대해 말씀한다. 「**믿지 않는 자들과 멍에를 같이 메지 말라. 의가 불의와 어찌 관계를 맺으며 빛이 어두움과 어찌 사귀겠느냐?**」(고후 6:14). 소 두 마리가 멍에를 메고 밭을 같이 갈 때 한 마리가 잘못 가면 나머지 소도 그 방향으로 갈 수밖에 없다.

그런데 마귀의 자녀와 하나님의 자녀가 함께 멍에를 멘다면 어떻게 되겠는가. 빠져나올 수 없기 때문에 끌려가게 된다. 대부분의 경우 마귀의 자녀가 끄는 힘이 더 강하다. 남편이 구원받지 않은 사람이라면 구원받은 아내가 남편에게 끌려갈 확률이 더 높다. 물론 그렇지 않은 경우도 있지만 확률적으로 그렇다는 말이다. 그렇기에 성경은 애초에 함께 멍에를 메지 말라고 말씀하는 것이다. 그리스도인은 반드시 구원받은 사람과 결혼해야 한다.

요사이 젊은이들은 외모에 치중해서 결혼 상대자를 찾으려 하지만 이는 지혜롭지 못한 것이다. 외모만 보고 결혼한다면 그 결혼은 실패할 수 있다. 성공적인 결혼 생활은 상대방의 외모에서 나오는 것이 아니다. 또 어떤 이들은 외적 조건만 따져서 집안에 재산이 얼마나 되는지를 본다. 그러나 외적인 것들만 보고 결정한다면 역시 실패할 수 있다.

그 사람의 믿음과 나머지 모든 것을 보고 선택을 잘 해야 한다.

가장 중요한 믿음이 같아야 불화가 덜 생긴다. 믿음이 다르면 사고 방식이나 생활 방식까지도 다르기 때문에 계속해서 불화가 생긴다. 외적 조건만 보고 결혼을 했는데 믿음과는 정반대되는 것만을 일삼는 사람이라면 어떻게 되겠는가. 상대가 구원받지 못한 사람이라면 멍에를 맸으니 함께 갈 수밖에 없는데, 그러다가 결국 본인도 믿음을 저버리게 된다. 돈 잘 버는 남자와 결혼했다가 첫날부터 술상을 차려오라고 하면 어떻게 되겠는가. 도박을 하는 사람이라든지, 사기를 친다든지, 난폭한 성격의 소유자라든지 하면 매일을 고통 속에서 살게 된다.

한편 믿음, 외모, 능력, 인품, 집안, 재산 등 모든 면에서 완벽하게 갖추어진 사람을 찾으려 한다면 찾기가 쉽지 않다. 그렇게 까다롭게 조건을 따지다 보면 배우자를 찾기 힘들다. 배우자를 선택할 때 실수가 없으신 하나님께서 인도해 주시는 사람과 하면 된다. 하나님께서는 실수하시지 않는다. 이 점에서 부모나 자녀 모두에게 가장 중요한 것은 기도하는 것이다. 당사자들은 물론이고 주위 사람들도 기도로써 주님의 인도하심을 구해야 한다.

사랑에 대하여

그렇다면 우리는 어떻게 가정에서 생활해야 할 것인가. 먼저, 부부간에 가장 중요한 것은 사랑이다. 두 사람은 이 사랑을 주님께 먼저 드려야 한다. 남편과 아내, 모두가 하나님을 최우선적으로 사랑해야 한다. 한 사람은 하나님을 사랑하는데 다른 사람은 하나님을 사랑하지 않으면 문제가 생긴다. 하나님을 가장 우선적으로 사랑하면 하나님의 말씀을 따르기 때문에 문제가 없다. 아내는 남편에게 복종하라는 말씀, 남편은 아내를 자기 몸처럼 사랑하라는 말씀에 순종하는 것이다.

배경이 서로 다른 두 사람이 만났기에 갈등이 생기는 것은 당연하다. 이를 극복할 수 있는 방법은 두 사람이 진정으로 사랑하면 된다. 사랑이 없이는 어려움을 극복할 수 없다. 자녀들에게 가장 먼저 주어야 할 것은 하나님을 사랑하는 것이고, 그 다음은 부부간에 서로 사랑하는 것이다. 이 두 가지만 있다면 그 결혼은 성공하지만 그것이 없는 가정은 파괴될 수밖에 없다.

남편의 의무

「하나님을 두려워함으로 서로 복종하라. 아내들아, 너희는 너희 자신의 남편에게 복종하기를 주께 하듯 하라. 이는 남편이 아내의 머리 됨이 그리스도께서 교회의 머리 됨과 같음이라. 그는 몸의 구주시니라. 그러므로 교회가 그리스도께 복종하듯이, 아내들도 자기 남편에게 매사에 그렇게 해야 할지니라. 남편들아, 너희는 자기 아내를 사랑하되 그리스도께서 교회를 사랑하셔서 교회를 위하여 자신을 주신 것같이 하라」(엡 5:21-25).

남편이 아내를 사랑할 때 어떻게 사랑해야 하는가. 목숨을 걸고 사랑해야 한다. 남편이 목숨을 걸고 아내를 사랑하는 가정에는 문제가 없다. 문제는 주님이 교회를 위해 목숨을 주신 것같이 아내를 사랑하지 않는 것이다. 남편들은 이 점을 확실하게 알아야 한다. '내가 왜 저 여자 때문에 목숨을 걸어?'하면 안 되는 것이다. 악한 세상 속에서 남편은 가정을 돌보고 보호해야 한다. 강도가 총을 들고 들어왔는데, 아내에게 나가 보라고 하면 곤란하다. 남편은 아내를 위해 희생을 각오해야 한다. 무섭다고 자기만 먼저 도망가거나 숨는다면 남편의 자격이 없는 것이다. 가족을 보호할 의무는 남편에게 있기 때문에 항상 위험에 대비하고 있어야 한다. 위험한 순간에 아내를 밀치고 자기가 살려고 해서는 안 된다는 말이다.

평소에 아내와 아이들을 위해서 말 그대로 죽을 각오가 확실하게 되어 있어야 한다. 그런 각오를 할 수 없다면 결혼을 해서는 안 된다. 남편 될 자격이 없는 사람들이 결혼을 하기 때문에 가정에 문제가 생기는 것이다. 성경적으로 믿는 사람들은 이런 점에서도 일반 세상 사람들과 다르게 살아야 한다.

「만일 누군가가 자기 친족, 특히 자기 가족을 돌보지 않는다면 그는 믿음을 부인한 자요, 불신자보다 더 나쁜 자니라」(딤전 5:8). 남자는 가족을 보호할 뿐 아니라 열심히 일해서 가족을 부양해야 한다. 요즈음 한국에서는 아내가 출근한 사이 집에서 아기 보고 살림하는 남편들이 늘고 있다고 한다. 그것은 성경에 반대되는 것이다. 남자는 나가서 열심히 땀 흘려 일해야 한다. 그것이 아담과 이브가 죄를 지었을 때 남자가 받은 저주이다. 일부 남자들이 하는 것처럼 백수건달처럼 살아서는 안 된다.

그뿐 아니라 남편은 아내와 아이들을 성경적인 바른 길로 인도해야 한다. 그러기 위해서는 성경을 알아야 한다. 특히 성경적으로 믿는 형제들은 성경을 확실하게 알아서 가족을 바른 길로 인도함으로 사회에서 빛과 소금이 될 수 있도록 해야 한다. 오늘날 대부분의 교인들을 보면 남편보다 아내가 더 '믿음이 좋은'상황이다. 한번은 어떤 가정에 방문해서 남편에게 복음을 전하면서 구원 받았는지 묻자 "제 아내가 전도사니까 아내 치맛자락 잡고 하늘나라 가겠습니다"라고 답하는 것을 들었다. 가족을 영적으로, 성경적으로 인도할 의무는 아내가 아니라 남편에게 있는 것이다. 주님은 남편에게 명령을 주셨고 이를 잘 지킬 때에 기도의 응답을 받을 수 있다.

「**이와 같이 너희 남편들아, 아내들을 더 연약한 그릇으로서 또 생명의 은혜를 함께 상속받을 자로서 귀히 여기되, 지식을 따라 그들과 동거하라. 이는 너희의 기도가 막히지 않게 하려 함이니라**」(벧전 3:7). 다급한 상황에서 누군가에게 전화를 했는데 그 사람이 전화를 받지 않는다면 얼마나 막막하겠는가. 다급한 상황 속에서 하나님께 기도하는데 응답하지 않으신다면 소망이 없는 것이다. 남편은 아내와 함께 살면서 아내에 대해 알아야 한다. 아내의 약한 점, 강한 점, 장점, 약점 등 모든 것을 알고서 그에 맞춰서 살아야 한다.

특히 여자는 연약한 그릇이기 때문에 쉽게 깨질 수 있다. 아내는 자신과 다른 존재라는 것을 인지하지 못하고 남편이 '뭐 이 정도 가지고 속상하다고 눈물을 흘리나' 해서는 안 된다. 아내의 눈에서 눈물이 흘렀다면 상황은 이미 늦었고 아내는 깊은 상처를 받은 것이다. 여자들은 하나님께서 남자들과 다르게 지으신 존재이다. 남자들은 흙으로 만들어졌지만 여자는 남자의 갈비뼈 하나로 만들어졌다. 남자들은 흙같이 뒹굴어도 상관 없지만 여자는 그렇지 않다. 남편은 자신의 아내에 대해서 잘 알아야 하고 감정의 기복이 있다는 것을 알아야 한다. 아내가 매일 그저 똑같으려니 생각하고 '갑자기 왜 마음이 상했나' 하면 기도가 막히는 지름길이다. 아내는 연약하기 때문에 지식을 따라서 동거해야 한다.

아내의 의무

아내들에게도 주님께서 주신 명령이 있다. 주님께 복종하듯이 남편에게 복종하는 것이다. 아내들은 사라가 아브라함을 '주'라 부르며 복종했던 것처럼 자신의 남편에게 복종해야 한다. 결혼식 때 하는 설교에서 내가 항상 제일 먼저 말하는 것은, 남자가 목숨을 바쳐서 여자를 사랑하면 여자는 남자에게 복종해야 한다는 것이다. 자신을 위해서 죽기를 각오한 남편에게 왜 복종을 못하겠는가.

아내들은 특히 가정 일을 잘 돌보아야 한다. 믿음 생활이라는 미명하에 매일 교회에서 사는 것은 전혀 성경적이지 않다. 그래서 우리 교회에는 주일과 수요일에 모이고 주말에 복음을 전하기 위해 모이는 것 외에 공식 모임이 없다. 그 외의 시간은 사회에서 일하고 집에 돌아와 가족들과 함께 보내도록 하기 위해서이다. 가정에서의 시간도 믿음 생활의 연장이다. 그러나 대부분의 교회에서 이런 균형잡힌 생활의 중요성을 가르치지 않아 많은 가정이 파괴되고 있다.

이 지역의 특정 교회에서 나에게 상담을 요청해 온 부인들이 여럿 있었는데 그들의 공통점은 이혼을 했다는 것이다. 교회 모임이란 모임에는 빠지지 않고 참석해 가정을 소홀히 하다 보니 결국 남편이 이혼을 요구해 온 것이다. 내 동창생들 중에도 아내가 가족은 돌보지 않고 교회에만 빠진 것을 더이상 참을 수 없어 이혼 직전에 나에게 상담을 요청해 온 경우가 여럿 있었다. 상처받은 가정을 세워 주고 치유해 주어야 할 하나님의 교회가 오히려 가정을 파괴시키는 마귀의 집단이 된 것이다.

남편이 가족을 부양하기 위해 밖에서 땀흘려 일하고 들어오면 아내는 남편을 편하게 해 주어야 한다. 집안 일도 힘들지만 남편이 밖에서 일을 하고 아내가 집에 있다면 아내가 집안 일을 잘 감당해야 한다. 반면 이민 사회에서 부부가 모두 일하는 경우가 많기 때문에 아내도 밖에서 일을 하고 들어왔다면 남편은 집안 일은 손 놓고 있어서는 안 된다. 그럴 경우에는 집안 일을 나누어서 해야 한다. 지혜롭게, 상식적으로 생활해야 하고, 화목하게 살기 위해서는 서로 도우면서 살아야 한다.

「너희는 머리를 땋고 금으로 치장하거나 옷을 입는 외모로 단장하지 말고 오직 마음에 숨겨진 사람을 썩지 아니하는 것 곧 온유하고 고요한 영으로 단장할지니 그것은 하나님 보시기에 매우 값진 것이니라. 예전에 하나님을 신뢰했던 거룩한 여인들도 이와 같이 자기 자신의 남편에게 복종함으로써 자신들을 단장하였느니라. 사라가 아브라함을 주라 부르며 복종했던 것과 같이 너희가 선을 행하고 어떤 놀라운 일에도 두려워하지 아니하면 그녀의 딸들이 되느니라」(벧전 3:3-6).

아내들은 이 말씀을 실천해야 한다. 구원받지 못한 남편과 살고 있는 아내라면 참으로 힘든 상황에 처한 것이지만, 지혜롭게 행해야 한다. 하나님의 말씀을 타협하지 않는 한도 내에서 말씀에 기록된 아내로서의 본분을 지켜야 한다. 그것을 하지 않으면서 믿음 생활을 한다는 것은 어불성설이다. 아내가 집안 일은 전혀 돌보지 않으면서 교회 일에만 빠져 있다면 믿지 않는 남편이 어떻게 그것을 참고 지낼 수 있겠는가. 결국 이혼할 수밖에 없는 것이다.

자녀 양육에 대하여

자녀 양육 문제도 부부가 합심해서 해야 한다. 아내가 집에 있으면 아이들을 잘 돌볼 시간이 많다. 「**이와 같이 너희 아내들아, 너희 자신의 남편에게 복종하라. 이는 말씀에 순종하지 않는 자들일지라도 아내의 말없는 행실로 인하여 그들을 얻고자 함이니, 이는 그들이 두려움 가운데 행하는 너희의 정숙한 행실을 봄이라**」(벧전 3:1,2). 이 구절은 특히 구원받지 못한 남편인 경우를 말씀하지만, 원칙은 동일하다.

부모가 성경적으로 살 때 가정이 화목하게 되고 그 영향은 교회에도 그대로 미친다. 아이들이란 부모가 하는 대로 따라하기 마련이다. 부모가 하나님을 두려워하고 하나님을 사랑하면 아이들도 그렇게 한다. 부모가 성경적으로 살지 않으면 아이들도 그대로 따라한다. 아이들은 부모를 본으로 삼기 때문이다. 부모가 정작 자신은 하지 않으면서 아이들에게 요구만 하면 반항심만 부를 뿐 듣지 않는다.

한국 교회 목사들의 자녀 중에는 비뚤어지는 아이들이 많다. 강대상에서는 거룩한 체하고 강대상에서 내려와서 실제 생활은 엉망인 사람들이 많기 때문이다. 아이들이 아버지의 위선적인 모습을 보면서 하나님은 없다고 생각하게 된다.

우리는 자녀들을 성경적으로 키워야 한다. 학교에서 교육을 받을 때 성경에 위배되는 내용들을 배우고 왔다면 부모가 점검해서 바르게 고쳐주어야 한다. 미국의 성경적으로 믿는 사람들 대부분이 홈스쿨링을 하는 이유가 그것이다. 공립 학교에 보내면 성경과 정반대의 것들을 교육받아서 망가지기 때문이다. 우리 이민자들은 홈스쿨링을 할 여유가 없기 때문에 자녀들을 공립 학교에 보내지만, 부모들은 그만큼 추가의 노력을 기울여서 아이들을 점검해야 한다. 어떤 비성경적인 것을 배우는지, 어떤 아이들과 어울리는지를 살펴보아야 한다. 학교에 맡겨놓고 돈만 대 주고 먹여 주고 입혀 주고 재워 주면 된다고 생각하다가는 큰일 난다. 학교에서 들은 비진리를 성경으로 일일이 바로잡아 주지 않으면 하나님 말씀과 반대되는 삶을 살 수밖에 없다.

잠언은 아이들에 대한 훈육을 많이 말씀하기 때문에 아이들에게 잠언을 많이 읽도록 지도해야 한다. 「**아이를 그가 마땅히 가야 할 길로 훈육하라. 그리하면 그가 늙어도 그 길을 떠나지 아니하리라**」(잠 22:6). 훈육을 통해 아이들이 좋은 습관과 성격을 갖도록 해야 하는데, 이것을 시작할 시기는 갓난아기 적부터이다. 갓난 아기들이라고 죄가 없고 순수한 것이 아니다. 인간은 태어나자마자 부모를 속이는 것부터 시작한다. 아무 일도 아닌데 우는 척해서 엄마가 밤에 잠도 자지 못하게 한다.

아이에게 나쁜 버릇이 있다면 어릴 때부터 고쳐주어야 한다. 대부분의 부모는 자기 아이는 천사인 줄 착각하는데, 그것부터 고쳐야 한다. 자기 아이도 죄를 가진 마귀의 자식으로 태어나기 때문에 구원받지 않으면 소망이 없다는 것을 알아야 한다. 구원받은 후라 할지라도 아담의 옛 성품을 그대로 갖고 있기 때문에 언제든지 사고를 칠 수 있다. 부모들이 그것을 모르기 때문에 자식이 살인을 하거나 마약을 하고 음주 운전으로 차 사고를 내면 영락없이 "우리 아이는 그런 아이가 아닌데"라고 한다. 이것은 성경을 모르기에 하는 말이다. 성경을 안다면 아이는 죄인으로 태어나서 얼마든지 악한 짓을 할 수 있다는 것을 안다. 남의 아이는 나쁘고 우리 아이만 착한 게 아니다. 현실을 직시할 수 있어야 아이를 바로잡을 수 있고, 그렇게 양육받은 아이가 커서도 의를 행할 수 있는 것이다.

습관은 아이의 미래를 결정한다. 나쁜 습관을 고쳐주지

않으면 그 아이의 미래는 어두울 수밖에 없다. 좋은 습관을 갖게 해 주고 좋은 성품을 갖도록 양육해 주어야 한다. 그러면 어린 나이에 구원을 받을 확률이 높아진다. 아무리 부모가 구원받은 성경적으로 믿는 사람이라 할지라도 자녀를 잘못 훈육하면 아이들은 그리스도를 거부하고 지옥에 가는 것이다. 자녀를 징계해야 하는 이유가 여기에 있다. 부모가 이것을 모르거나 간과하면 문제가 생긴다. 자기 아이를 사랑하지 않는 부모는 없다. 사랑할수록 더 징계하고 책망해야 한다. 아이를 사랑하기 때문에 혼내지 않고 매를 들지 않겠다고 생각하는 부모는 모자란 것이고 앞을 내다보지 못하는 것이다. 「**아이로부터 징계를 거두지 말라. 네가 그를 매질할지라도 그가 죽지 아니하리라**」(잠 23:13). 이것이 하나님께서 주신 교육 방법이다.

자신이 화가 난다고 무조건 매를 드는 사이코패스가 되라는 것이 아니다. 아이들이 잘못할 때 그것을 바로잡기 위해서 매를 들어야 한다.

「**너는 그를 매질해야 하리니, 그리하면 그의 혼을 지옥으로부터 구해 내리라**」(잠 23:14). 매가 아이를 지옥으로부터 구해주는 반면 '오냐오냐' 하면서 키운 아이들은 지옥에 간다는 말씀이다. 매를 맞으면서 죄를 회개하게 되는데,

회개하는 마음이 없이는 구원을 받지 못하기 때문이다. 그래서 하나님께서 부모에게 자녀를 양육할 권위를 주신 것이고, 부모는 하나님을 대신하여 책망하는 역할을 맡는 것이다. 이것을 게을리하고 '너는 천사다' '네가 제일 똑똑하다' '네가 제일 착하다'라는 말만 하면서 키우면 그 아이는 커서 교만하게 될 수밖에 없다.

자녀의 의무

자녀들은 부모에게 복종해야 한다. 「내 아들아, 만일 네 마음이 현명하면 내 마음, 곧 내 마음이 즐거우리라. 정녕, 네 입술이 바른 것들을 말하면 내 속마음이 즐거우리라. 네 마음으로 죄인들을 시기하지 말고 온종일 주의 두려움 가운데 있으라. 이는 분명히 마지막이 있겠고 또 네 기대가 끊어지지 아니할 것임이라. 내 아들아, 너는 듣고 현명하게 되어 네 마음을 그 길로 인도하라」(잠 23:15-19).

하나님께서는 자녀가 복종할 의무에 대해 계속 말씀하신다. 「의로운 자의 아버지는 크게 즐거워할 것이요, 현명한 아이를 낳는 자도 그로 인하여 기뻐하리라. 네 아버지와 네 어머니가 기뻐할 것이요, 너를 낳은 여인이 즐거워하리라. 내 아들아, 네 마음을 내게 주며 네 눈을 나의 길들에 주목하라」(잠 23:24-26).

많은 아이들이 주님의 말씀대로 살지 않기 때문에 문제를 일으킨다. 오직 하나님의 말씀만이 그들을 바로잡을 수 있다.

「내 아들아, 나의 법을 잊지 말고, 나의 계명들을 네 마음에 간직하라. 그리하면 그것들이 네 날들을 길게 하고 장수하는 것과 화평을 네게 더하리라」(잠 3:1,2). 정말 잘 살고 싶으면 하나님 말씀대로 살면 된다. 「자비와 진리가 너에게서 떠나지 않도록 그것들을 네 목에 걸며 네 마음판에 새기라. 그리하면 네가 하나님과 사람의 목전에서 은총과 인정을 받으리라. 네 마음을 다하여 주를 신뢰하고, 네 자신의 명철을 의지하지 말라. 네 모든 길들에서 그를 인정하라. 그리하면 그가 네 길들을 지도하시리라. 네 자신의 눈에 현명하게 되지 말라. 주를 두려워하고 악에서 떠나라」(잠 3:3-7).

주님의 말씀은 분명하기에 자녀들이 잠언을 읽으면서 진리를 깨달을 수 있도록 지도해야 한다. 그렇지 않으면 아이들의 장래는 힘들어진다.

신약에서도 에베소서 6장에서 부모에 대한 복종을 말씀하신다. 성경적으로 믿는 부모를 가진 자녀들은 아버지가 성경적으로 인도할 때 복종해야 한다. 그렇지 않을 때 문제가 생긴다. 「**자녀들아, 주 안에서 너희 부모에게 순종하라. 이것이 옳으니라. 네 아버지와 어머니를 공경하라. (이것이 약속 있는 첫째 계명이니) 이는 네가 잘되고 또 땅에서 장수하게 하려 함이니라**」(엡 6:1-3). 땅에서 잘되고 싶다면 기복신앙을 가르치는 은사주의 교회에 나갈 것이 아니라 하나님 말씀대로 부모께 복종하면 된다.

아이들에게 가장 먼저 강조할 것은 하나님을 사랑하는 것이다. 하나님을 사랑한다면 하나님 말씀을 사랑하고 말씀대로 살기를 원할 것이다. 하나님을 가장 먼저 사랑하고 부모와 가족을 사랑하도록 가르치면 그 아이는 문제가 없다. 어릴 때부터 시작해서 출가한 후에도 하나님을 최우선으로 사랑하도록 항상 강조해야 한다. 이것을 제대로 심어주면 그 아이는 비뚤어지지 않는다.

학생들은 본인들이 주의해서 세상 교육을 받을 때 쓰레기 같은 것들을 걸러내야 한다. 수업에 들어가서 안 들을 수는 없지만 잘못된 것, 비성경적인 것은 들으면서 판단을 해야 하고, 모르는 것은 집에 와서 부모에게 물어야 한다. 또 좋은 친구들과 교제해야 한다. '친구 따라서 강남 간다'는 말이 있듯이 친구의 영향력은 큰 것이다. 나쁜 아이들과의 교제는 차단해서 악한 교제를 통해 마귀를 따라가지 못하게 해야 한다. 술, 담배, 마약 등을 하지 않아야 한다.

요새는 마약이 합법화되어서 너무 쉽게 구할 수 있다. 학교 다닐 때 호기심에서라도 마약에 손을 댄다면 그 인생은 망가지는 것이다. 학교에서는 동성애나 가르치고 심지어 유치원에서부터 동성애를 가르치고 있다 하니 아이가 아직은 유치원생이라고 해서 부모가 방심해서는 안 된다. 부모는 그런 것들이 쓰레기라는 것을 자녀들에게 정확히 심어 주고 성경으로 깨끗하게 해 주어야 한다.

학생들은 또 공부를 열심히 해야 한다. 나쁜 짓, 쓸데 없는 짓에 시간을 낭비하지 않는다면 공부할 시간은 충분하다. 교회에서 믿음 생활하고 사역에 동참하고, 나머지 시간에는 공부하면 된다. 공부는 꼭 죽어라고 하지 않더라도 시간 나는 대로 하면 IQ와 상관없이 좋은 성적을 받을 수 있다. A학점을 받지 못한다면 분명히 아이가 공부 안 하고 딴 짓하고 있다고 생각하면 된다. 공부한답시고 아이들하고 어울려 돌아다니고 게임이나 하면 좋은 성적이 나올 수 없다. 내가 청소년들에게 강조하는 것은 믿음 생활도 열심히 하고 학교 생활에서도 시간을 허비하지 말고 열심히 공부하라는 것이다.

우리가 공부에 대해서 강조하는 이유는 세상 학문을 쌓기 위해서가 아니다. 다만 그리스도인 가정을 이루고 가족을 부양하기 위해서는 직업이 있어야 하기 때문이다. 미국에서 직장을 잡으려면 공부를 해야 한다. 공부하지 않고 어중간하게 살다가 이력서를 내면 어느 회사에서 받아주겠는가. 학점이 D로 일관된다면 곤란한 것이다. 학생들에게 성적을 잘 받으라고 하는 이유는 단 하나, 미래에 가정을 이루었을 때 직업이 필요하기 때문이다. 기술과 재능이 분명하다면 관련 업계에서 일할 수 있고, 자본이 있고 사업이 적성에 맞다면 얘기는 달라지겠지만, 그런 것이 아니라면 학위를 따서 안정적인 직장을 얻어야 한다. 월마트에서 최저 임금 받고 일하면서 가족을 부양하는 것은 우리가 사는 캘리포니아에서는 불가능한 일이다. 자녀들에게 세상 교육 체제에서 열심히 공부하도록 지도하는 것은 미래의 직업을 위한 것이다.

가족들이 이런 모든 것을 믿음 생활 속에서 이루기 위해서는 가장인 아버지가 최소한 30분에서 1시간씩 가족들이 성경을 읽고 기도하도록 인도해야 한다. 가장 좋은 것은 새벽에 일어나자마자 그런 시간을 갖는 것이지만, 각자 스케줄이 다르고 환경이 다르기 때문에 자신의 가정에 가장 맞는 시간을 정하면 된다. 특히 아이들이 있는 가정은 저녁에 함께 모여서 가족끼리 시간을 내서 성경 공부하고 기도하는 모임을 갖는 것이 좋다. 그런 환경에서 자란 아이들은 커서도 자연스럽게 하나님을 사랑하게 된다. 성경에 대한 질문을 하면 부모가 답변해 줄 수 있어야 한다. 아이들과 성경에 대해서 이야기하는 시간을 가지면 부모에게도 반드시 큰 도움이 된다.

또 화목한 가정을 위해서 각자가 할 일을 해야 한다. 성경적으로 살지 못한다면 자신에게만 문제가 되는 것이 아니라 가족 전체가 피해를 입는다. 자녀가 잘못되면 가족 전체가 고통을 당한다. 부모도 마찬가지이다. 부모가 잘못되고 이혼한다면 자녀들이 상처를 받고 그들의 앞날까지도 부정적인 영향을 받을 수 있다. 아버지, 어머니, 자녀 각자가 본인의 책임을 다할 때 하나님께 영광 돌리는 가정이 될 수 있다. 그렇지 않고 자기 멋대로 한다면 자신만이 아니라 가족 전체가 망가지게 된다.

가족이라 할지라도 서로 간에 성격도 다르고 성향도 다르기 때문에 서로에 대한 이해심을 가져야 한다. 상대방도 자신과 똑같이 생각한다고 짐작하면 거기서부터 불화가 시작되는 것이다. 부부간에도, 형제간에도, 부모와 자식 간에도 이해심이 있어야 한다. 또 같은 부모에게서 태어난 아이들인데도 성격이 정반대인 아이들이 많다. 그런 아이들을 두고 모두 동일하게 대하는 것도 문제가 된다. 아이의 장점과 단점을 잘 파악하고 그 아이에 맞는 방법으로 양육해야 한다.

구원받은 후 가정 생활을 어떻게 해야 하는지에 대해서 핵심적인 내용들만 추려서 이야기했다. 각 성도들의 가정이 튼튼해야 교회도 강성해질 수 있다. 여러분 모두 화목한 가정을 이룸으로써 주님께 영광 돌리기를 진심으로 기도한다.

구원받은 후
성도의 사회 생활

「종들에게는 권하되 자기 주인에게 복종하고 매사에 그들을 기쁘게 하며, 거슬러 말하지 말고 착복하지 말며, 온전히 선한 충성을 보이게 하라. 이는 그들이 매사에 우리 구주 하나님의 교리를 돋보이게 하려 함이니라. 이는 구원을 주시는 하나님의 은혜가 모든 사람에게 나타나서, 우리를 가르치시되, 불경건과 세상 정욕들을 거부하고, 우리로 신중하며, 의롭고 경건하게 이 현 세상을 살아가게 하시며, 그 복된 소망, 곧 위대한 하나님이신 우리 구주 예수 그리스도의 영광스러운 나타나심을 기다리게 하셨음이니, 그가 우리를 위하여 자신을 주신 것은 우리를 모든 죄악에서 구속하시고 자신을 위해 정결케 하사 선한 일에 열심을 내는 독특한 백성이 되게 하려 하심이라. 이런 것들을 말하고 권면하며 모든 권위를 가지고 책망하여 아무도 너를 업신여기지 못하게 하라」(딛 2:9-15).

성도의 믿음 생활은 크게 세 부분, 즉 교회 생활, 가정 생활, 마지막으로 사회 생활로 나눌 수 있다. 이 세 가지가 결국은 모두 믿음 생활이다. 사람들은 보통 믿음 생활이라 하면 단지 교회 출석만 생각하는데 균형 잡힌 그리스도인에게는 이 세 가지 모두 믿음 생활에 속한다. 그 중 한 부분이 사회 생활이다.

세상을 비추는 빛으로서의 삶

그리스도인은 구원받았다고 해서 소위 '속세'를 떠나 살지 않는다. 불교나 다른 종교들에서는 문명 사회에서 떠나 산속이나 사람들이 살지 않는 자연 속에서 수양이라는 미명하에 은둔 생활을 하기도 한다. 물론 성경은 세상을 "악한 현 세상"이라고 말씀한다. 하지만 그리스도인은 사회를 떠나서 살 수 없다.

「내가 너희에게 쓴 편지에는 음행하는 자들과 사귀지 말라고 하였으나 이는 이 세상의 음행하는 자들이나 탐욕하는 자들이나 약탈하는 자들이나 우상 숭배하는 자들과 전혀 함께하지 말라는 것이 아니니 그렇게 하려면 너희가 세상 밖으로 나가야 할 것이니라」(고전 5:9,10).

우리가 구원받고 난 뒤에는 이 세상의 더러운 것들을 피하고 구원받은 성도들끼리 함께 모여 살고 싶다는 생각을 가지게 된다. 이런 생각에서 여러 이단, 광신적 종교 집단이나 사이비 종교들의 집단 생활이 생겨나는 것이다. 그러나 그것은 분명히 하나님께서 원하시는 것이 아니다. 주님께서는 세상 밖으로 나가서 살 것이 아니라고 하셨다. 이 세상의 구원받지 못한 사람들은 모두 음행하는 자, 탐욕하는 자, 약탈하는 자, 우상숭배하는 자이다. 구원받기 전 우리의 모습도 마찬가지였다. 이런 사람들과 연루되는 것을 피하겠다고 세상 밖으로 나가려고 한다면 어떻게 되겠는가. 하나님께서는 그것이 그리스도인의 목적이 아니라고 하신다.

디도서의 본문 구절은 주님께서 종들에게 주시는 명령이다. 당시에는 주인을 섬기며 살아야 하는 종들이 있었다. 성경은 종을 두는 제도를 부인하지 않는다. 많은 자유신학자들은 이러한 제도에 대해 부정적으로 생각하며 노예 해방을 주창하지만 성경은 종의 신분을 인정하고 있다. 위 구절을 본문으로 선택한 이유는 본문의 종들이 구원받은 종들이며, 구원받은 종들이 해야 할 일들에 대한 말씀이 우리의 교훈이 되기 때문이다. 종들도 이렇게 신실할진대, 자유인이라면 더욱더 선한 일을 해야 한다. 종들도 구원받았으면 주님 안에서 자유인이다. 예수님을 통해 자유인이 되었다는 말이지 주인을 대적하고 나오라는 말씀이 아니다.

사람들은 성경을 믿는다고 하면서도 자신의 개인적인 생각과 세상의 생각을 그대로 지닌 채 성경을 대한다. 이것은 올바른 자세가 아니다. 올바른 신앙 자세가 무엇인지 가장 간단하게 설명하자면, 세상이 오른쪽으로 갈 때 그에 역행해서 왼쪽으로 가는 것이다. 세상은 하나님을 대적하고 세상 사람들의 생각은 하나님의 생각과 반대되기 때문에 세상 모두가 한 방향으로 가면 여러분은 그 반대로 가면 된다.

주님께서 종들에게 주시는 명령은 「**주인에게 복종하고 매사에 그들을 기쁘게 하며, 거슬러 말하지 말고 착복하지 말며, 온전히 선한 충성을 보이게 하라**」(딛 2:9,10)는 것이다. 그 이유는 종이나 노예 같은 신분 문제보다 더 중요한 것이 하나님의 교리이기 때문이다. 종들이 주인에게 복종함으로써 하나님의 교리가 돋보이는 것이 더 중요한 것이다.

「이는 그들이 매사에 우리 구주 하나님의 교리를 돋보이게 하려 함이니라」(딛 2:10). 종들의 의무가 그러할진대 자유로운 신분을 가진 우리는 세상에서 어떻게 살아야 하겠는가. 하나님의 교리가 돋보이도록 선한 일에 정진해야 하는 것이다. 구원은 받았으니 자신이 원하는 대로 아무렇게나 사는 것은 비성경적이다.

「**이는 구원을 주시는 하나님의 은혜가 모든 사람에게 나타나서, 우리를 가르치시되, 불경건과 세상 정욕들을 거부하고, 우리로 신중하며, 의롭고 경건하게 이 현 세상을 살아가게 하시며, 그 복된 소망, 곧 위대한 하나님이신 우리 구주 예수 그리스도의 영광스러운 나타나심을 기다리게 하셨음이니**」(딛 2:11-13).

한국의 많은 교회들은 예수 그리스도께서 하나님이신 것을 모른다. 교인들에게 "예수 그리스도는 육신으로 오신 창조주 하나님이십니다"라고 하면 "예? 하나님의 아들이지요" 정도로밖에 말하지 못한다. 하나님께서 최초로 창조하신 피조물이라든지, 하나님 아버지보다 한 단계 낮은 신 정도로 생각하는 것이다. 성경은 예수 그리스도께서 하나님 자신이며 주님께서 십자가에서 흘리신 피는 하나님의 피라고 말씀한다. 사람이 구원을 받는 데는 조건이 있다. 예수 그리스도께서 육신으로 오신 하나님이신 것을 마음으로 믿고 그분을 주로 시인해야 한다. 그것이 가장 중요한 것이며, 그것이 아니고서는 구원을 받을 수 없다. 그럼에도 한국의 목사들이 그것을 가르치지 않는 이유는 목사들조차도 그것을 모르기 때문이다.

예수 그리스도께서는 세상을 지으신 창조주 하나님이시며, 아버지, 아들, 성령 하나님 세 인격체 중의 한 분이시다. 이것이 인간의 지혜와 지식으로 이해가 안 되니까 부정하는 것이다. 어떻게 삼위일체 하나님을 인간이 이해할 수 있겠는가. 우리는 이해할 수 없다. 누가 영원 세계를 이해할 수 있는가. 시작도 없고 끝도 없는 영원의 시대를 우리는 결코 이해할 수 없다. 마찬가지로 하나님은 시작과 끝이 없으시다. 어떻게 나타나신 것인지 우리는 모르는 것이다. 이것을 이해하려 해도 이해할 수 없으니 어떤 사람들은 신이 없다고 한다. 우리는 이해해서 하나님을 믿는 것이 아니다. 하나님께서 주신 이 성경 말씀을 어린아이처럼 믿는 것이다.

진리를 거부하는 거짓 목사들은 교인들에게 성경의 진리를 이해시키려 한다. 믿어지지 않으니 이해시키려 하는 것이다. 그것은 모두를 지옥으로 보내려는 짓이다. 여러 날에 걸쳐 구원에 관한 '세미나' 등을 하면서 사람들에게 하나님을 이해시키려 애쓰는 것이다.

우리는 하나님의 말씀이 진리임을 선포하며 하나님의 말씀을 믿으라고 전한다. 많은 한국 교인들이 이해해서 믿으려고 하니 결국에 이해도 못하고 믿지도 못하게 되어 행위로써 종교 생활을 하고 있다. "곧 위대한 하나님이신 우리 구주 예수 그리스도"라고 하신 말씀을 믿기만 하면 되는 것이다. 아무리 머리가 좋아도, IQ가 높아도 이해할 수 없는 것이 신비이다. 따라서 말씀대로 믿는 것이 현명한 일이다. 앞에서 말한 것처럼 순수한 어린 아이처럼 "아멘" 하며 믿으면 된다. 무조건 믿으라는 것이 아니다. 이성이 있는데 어떻게 무조건 믿을 수 있겠는가. 거짓말하실 수 없는 하나님의 말씀을 믿으라는 것이다.

본문 디도서 2장 14절은 **「그가 우리를 위하여 자신을 주신 것은 우리를 모든 죄악에서 구속하시고 자신을 위해 정결케 하사 선한 일에 열심을 내는 독특한 백성이 되게 하려 하심이라.」**라고 말씀하신다. 주님께서 우리를 구속하신 데는 목적이 있는 것이다.

주님께서는 사도행전 1장에서 승천하시기 전 우리들에게 땅 끝까지 주님의 증인이 되라고 하셨다(행 1:8). 땅 끝까지 증인이 되라고 명령을 받은 우리가 세상이 싫다고 은둔 생활을 한다면 어떻게 예수님의 증인이 될 것인가. 주님의 명령을 따르려면 사회에 참여해서 사회 생활을 해야 한다. 세상 속에서 구원받지 못한 사람들과 함께 살아야 한다. 사회에서 빠져나가 숨어 사는 것이 아니라 세상에 나가 빛과 소금의 역할을 담당해야 한다.

성실히 일하는 삶

세상에서 살아나가려면 물질, 즉 돈이 필요하다. '구원받았으면 하나님이 먹여 주시니 앉아서 기도만 하면 하늘에서 양식이 뚝 떨어지고 만사 형통한다'는 은사주의 목사들의 말은 거짓이다. 예수 믿으면 부자 된다는 그들의 말에 속아서 일터에 나가 일도 하지 않고 매일 교회에 가서 살고 있다가는 망하는 것이다. 그들은 사람들에게 듣기 좋은 말, 긍정적인 말만 한다. 하나님께서는 구원받은 이들에게 필요를 채우기 위해서는 일을 하라고 명하신다. 최초의 인간이 저주받을 때 창세기 3장에서 하나님께서는 다음과 같이 말씀하셨다.

「또 하나님께서 아담에게 말씀하시기를 "네가 네 아내의 음성에 경청한 까닭에, 내가 네게 명하여 말하기를 '너는 그것을 먹지 말라.'고 한 그 나무의 열매를 먹었으니, 너로 인하여 땅은 저주를 받고 너는 너의 전 생애 동안 고통 중에서 그 소산을 먹으리라. 또 땅은 네게 가시나무와 엉겅퀴를 낼 것이요 너는 들의 채소를 먹을 것이며, 네가 땅으로 돌아갈 때까지 네 얼굴에 땀을 흘려야 빵을 먹으리니, 이는 네가 땅에서 취해졌음이라. 너는 흙이니 너는 흙으로 돌아갈 것이니라." 하시니라」(창 3:17-19).

하나님께서는 하나님의 말씀을 지키지 못한 아담과 이브를 저주하셨는데, 그 저주의 일부가 남자는 필요를 충족하려면 땀을 흘려서 일을 해야 한다는 것이다. 주님께서는 일을 하라고 명령하셨다. 일을 하지 않으면 가족을 책임질 수 없는 것이다.

데살로니가후서 3장에서는 「**우리가 너희와 함께 있을 때에도 너희에게 명하기를 누구든지 일하기 싫어하거든 먹지도 말라 하였노라.**」(살후 3:10)라고 말씀하신다. 하나님께서는 분명하게 원리를 제시해 주셨다. 구원을 받은 사람들도 그 필요를 채우는 방법은 열심히 일을 하는 것이다. 「우리가 들으니 너희 가운데서 무질서하게 행하여 전혀 일하지 아니하고 참견 잘하는 자들이 있다 하니 이제 우리가 우리 주 예수 그리스도를 통하여 이런 자들에게 명하고 권하노니 조용히 일하고 자기 양식을 먹으라. 그러나 형제들아, 너희는 선을 행하다가 낙심하지 말라」(살후 3:11-13).

디모데전서에서도 말씀하신다. 「만일 누군가가 자기 친족, 특히 자기 가족을 돌보지 않는다면 그는 믿음을 부인한 자요, 불신자보다 더 나쁜 자니라」(딤전 5:8). 가족을 돌보지 않는다면, 특히 가장이 가족을 돌보지 않는다면 하나님께서는 그가 불신자보다 더 악하다고 하신다. 불신자는 하나님을 대적하는 마귀의 자녀들인데 하나님께서는 '가족을 돌보지 않는 믿는 자'가 그보다 더 나쁜 자라고 하시는 것이다. 가족을 돌보지 않는 부모는 부모의 자격이 없다. 이것은 내가 성경적으로 믿는 교회 성도들에게 항상 강조하는 부분이다.

남자들이 구원받았기에 하나님께서 다 해주실 거라고 생각하면서 아무것도 하지 않고 게을러진다면 그 가정은 망하는 것이다. 앞서 성도들의 가정 생활에 대해 말할 때 강조한 바 있지만, 가장은 책임감을 가지고 가족을 돌봐야 한다. 남자들은 가족을 말씀으로 인도하고 영적으로 양육할 책임뿐 아니라 사회에 나가 성실히 일함으로써 물질적으로도 가정을 책임져야 한다. 게을러지지 말고 열심히 살아야 한다. 요즘은 생활하는 데 남자 혼자 경제 활동을 하는 것으로는 부족해서 부부가 함께 사회에서 경제 활동을 하는 가정들이 많이 있다. 직장을 나가든 개인 사업을 하든 부부가 함께 일하는 가정도 많이 있는데, 그것은 나쁜 것이 아니다.

본문에 나오는 종들은 구원받았으므로 주님 안에서 자유의 몸이 되었다. 그런 상태에서 종 노릇을 계속 하고 싶었겠는가. 그래도 주님께서는 종들에게 기쁘게 주인을 섬기고 복종하라고 명하셨다. 하나님의 교리 즉 하나님의 말씀, 하나님의 명령이 더 중요하기 때문이다. 하나님의 말씀에 순종함으로써 본이 되어 주인들을 구원받게 할 수 있는 것이다. 직장이나 사업장에서 구원받지 못한 사람들과 여러 가지 일을 같이 하다 보면 힘들고 어려운 일들이 많이 일어나게 되지만, 여러분이 성실하고 좋은 간증을 유지하면 그들에게 좋은 영향을 미치고 그들도 구원받는 계기를 마련할 수 있게 된다. 이것이 빛의 역할을 하는 것이다.

그리스도인 한 사람, 한 사람이 각계 각 곳에서 일하다 보면 그 주변에 하나님의 교리의 빛을 비추게 된다. S단체 등에서는 신도들끼리 모여서 사이비 교주 밑에서 스스로 노예가 되어 노동력을 착취당하며 지옥으로 동행할 사람들을 비밀리에 모은다. 과거 카톨릭 교회에서는 수도원을 차려놓고 은둔 생활을 하면서 자기 학대, 수양 등 성경과 전혀 무관한 삶을 살았다. 그런 식의 세상과의 물리적 분리는 결코 하나님의 뜻이 아니다. 하나님의 뜻은 여러분이 각자 세상에 나가 자신이 일하는 곳, 공부하는 곳에서 빛과 소금이 되어 주변 사람들이 하나님께 돌아올 수 있게 하는 것이다. 그것이 땅 끝까지 예수 그리스도를 증거하는 일이다. 그렇기 때문에 어딘가에 숨으려 하거나 수동적으로 안이하게 살려고만 해서는 안 된다.

성별된 삶

그리스도인으로서의 생활은 쉬운 것이 아니다. 반드시 노력이 필요하다. 하나님이든 마귀든 한쪽으로 정하지 않고 갈등 속에서 평생을 보내는 사람들이 그리스도인 중에 있다. 그러나 그리스도인이 된 후 말씀대로 바르게 살지 않으면 삶이 더 힘들어지게 된다. 한쪽 발은 하나님 쪽에, 다른 쪽 발은 세상에 걸친 그런 생활을 하다가는 더 비참해진다. 여러분은 세상에 나가서 직장 생활을 하든 사업을 하든, 자신이 가진 달란트를 가지고 힘을 다해서 가족을 부양하고 주 예수 그리스도의 증인의 역할을 감당해야 한다.

그렇게 살다 보면 세상 사람들과 부딪치게 되어 있다. 우리는 정직하고 바르게 살려고 하는데 세상 사람들은 육신적이며 탐욕스러워서 악한 짓으로 돈을 벌려고 한다. 그럴 때 갈등할 수가 있다. 주님께서는 세상 사람들과 함께 일은 하되 우리가 그 죄에 동참하면 안 된다고 하신다. 그리스도인이 세상 사람들과 함께 살아가야 되기 때문에 힘든 것이다. 균형잡힌 생활을 하는 것은 쉽지 않다. 따라서 우리는 하나님 말씀으로 지식과 지혜를 얻어서 그때그때 상황에 어떻게 대처해야 하는지를 배워야 한다.

「믿지 않는 자들과 멍에를 같이 메지 말라. 의가 불의와 어찌 관계를 맺으며 빛이 어두움과 어찌 사귀겠느냐? 그리스도가 벨리알과 어찌 조화를 이루며 또한 믿는 자가 믿지 않는 자와 어떤 부분을 같이하겠느냐? 하나님의 성전과 우상들이 어찌 일치되겠느냐? 이는 너희가 살아 계신 하나님의 성전임이라. 하나님께서도 말씀하시기를 "내가 그들 가운데서 살 것이며 그들 가운데서 다닐 것이며 나는 그들의 하나님이 되고 그들은 나의 백성이 되리라. 그러므로 주가 말하노라. 너희는 그들에게서 나와 따로 있고 더러운 것을 만지지 말라. 그리하면 내가 너희를 영접할 것이며 또 나는 너희에게 아버지가 되고 너희는 내 아들들과 딸들이 되리라. 전능하신 주가 말하노라."고 하셨느니라」(고후 6:14-18).

그리스도인이 갖는 교제와 성별에 관한 말씀이다. 구약시대의 행위에 의한 구원처럼 들리는 말씀들이 여기에 있지만, 사도 바울이 구약을 인용해서 가르칠 때 오늘날 교회 시대에 적용되는 '교리'로서가 아니라 영적 '교훈'으로서 받아들여야 한다. 성경을 공부하는 원칙은 성경의 모든 구절을 역사적으로, 교리적으로, 또는 영적으로 나누어서 공부하는 것이다(김경환 목사 저 <구원에 관한 문제의 구절들 총정리> 참조). 그렇게 할 때 성경의 모든 말씀이 우리에게 유익이 된다.

이 구절들은 레위기와 예레미야에서 나오는데, 교리적으로는 당시 이스라엘 백성이 이렇게 성별해야만 하나님께서 하나님의 백성으로, 아들과 딸로 삼아주신다는 말씀이다. 반면 오늘날 하나님의 아들들이 되는 권세를 받는 것은 누구인가? 예수 그리스도를 영접하는 자들, 즉 그의 이름을 믿는 자들이다. 「**그러나 누구든지 그를 영접한 사람들에게는 하나님의 아들들이 되는 권세를 주셨으니, 즉 그의 이름을 믿는 사람들에게니라**」(요 1:12). 그렇기 때문에 구약과 신약을 구분해서, 즉 성경을 나누어서 공부해야 한다.

고린도후서 6장은 그리스도인의 교제에 대해서 말씀하고 있다. 사람들과 교제를 하는 데 있어서는 믿지 않는 자들로부터, 우상 숭배로부터, 불의로부터 성별해야 한다. 믿지 않는 자들과 멍에를 같이 메지 말아야 한다. 멍에에 메

이면 끄는 자에게 끌려다녀야 하기 때문이다. 우리는 그들과 함께 일은 하되 그들의 죄에는 동참하지 말아야 한다. 한국에 만연한 술 문화는 사람들로 하여금 유흥가, 환락가를 배회하게 만든다. 퇴근하면 모두들 당연하게 술자리로 발걸음을 옮긴다. 직장에 다니는 그리스도인들은 그런 곤혹스러운 자리에 갈 수도 없고 안 갈 수도 없어 갈등하게 된다. 그러나 그런 사람들과 함께 멍에에 메여 같이 돌아다니다 보면 어느새 죄에 연루될 수밖에 없다. 하나님께서는 그런 것을 원치 않으신다.

「그러므로 참으로 사랑하는 자들아, 우리가 이러한 약속들을 가졌으니 하나님을 두려워함으로 거룩함을 온전히 이루어 육과 영의 모든 더러움에서 우리 자신을 깨끗하게 하자」(고후 7:1). 하나님께서 원하시는 것은 이것이다. 우리는 모두 일터에서 구원받지 못한 사람들, 세상 사람들, 육신적인 사람들과 함께할 수밖에 없다. 그러나 우리는 하나님을 두려워함으로써 일터에서도 그리스도인의 간증을 지켜야 한다.

어둠의 일에 연루되지 않는 지혜로운 방법은 일터에서 자신이 '성경적으로 믿는 그리스도인'임을 알리는 것이다. 그러면 그들이 오히려 여러분을 그런 곳에 데려가려 하지 않을 것이다. 그리스도인으로서 하나님의 사랑으로 사람들을 대하고 그들에게 진리와 복음을 전파하면 그들과 함께 멍에에 메여 끌려다니지 않을 수 있다.

모든 구체적 상황을 여기서 다 제시할 수는 없지만, 우리는 그때그때 하나님과 교제하면서 성령님이 주시는 지혜와 명철로 대처해야 한다. 하나님께서는 그런 상황에 처했을 때 벗어날 수 있도록 인도해 주신다. 입사 초기에는 좋은 상황에서 시작하지 못할 수도 있다. 그러나 성실히 일하면서 기회를 주시도록 하나님께 꾸준히 기도하며 업무에 임한다면 하나님께서 더 좋은 환경으로 인도해 주실 것이다. 죄에 연루되는 일이 없게 되기를 마음으로 원해야 한다. 그렇지 않으면 그런 상황이나 환경에 끌려 들어가는 것이다. 먼저 마음으로 정하고 기도하면 주님께서 하나하나 해결해 주실 것이다.

다음으로 직장을 다니고 사업을 하여 돈을 벌기 시작하면서 주의해야 할 점은 '탐욕'이다. 구원받았다고 해서 우리의 옛 성품이 다 없어지는 것이 아니다. 옛 성품은 그대로 있고 예수 그리스도께서 오셔서 우리 안에 새 성품을 주시는 것이다. 우리 안에 옛 성품과 새 성품이 공존한다. 따라서 그리스도인은 육신에서 벗어나는 날까지 옛 성품과 싸워야 한다. 새 성품은 하나님을 따르려 하고, 옛 성품은 세상과 육신을 따라가려고 하기 때문에 갈등이 생긴다.

그중 하나가 탐심이다. 돈을 벌기 시작하면 물질에 대한 욕심이 생기게 되고 조금 더 벌겠다고 하다 보면 가정 생활도 믿음 생활도 충실하게 할 수 없다. 교회 사역은 모두가 자발적으로 참여하는 것이다. 자원해서 자발적으로 하기 때문에 주님 앞에 많은 열매가 열리는 것이다. 그렇기 때문에 여러분이 세상 일에, 돈 버는 일에만 시간을 쏟다 보면 하나님의 사역에 참여하는 부분은 그저 교회에 나와 설교 듣는 것으로 끝나게 된다. 직장이나 사업장에서 돈을 더 벌어야 한다는 마음 때문에 그만큼 사역에 자발적으로 참여하기가 힘들어진다. 그러나 하나님의 사역에 참여하는 것과 일터에 나가서 일하는 것 사이에서 반드시 균형을 유지해야 한다.

일요일은 주님께 영과 진리로 경배 드리고, 또 한 주일 열심히 일했으니 쉬기도 해야 한다. 만약 일요일에 교회에 나오지 못하게 되는 상황이 생기면 기도해야 한다. 수입이 좀 줄더라도 일요일에 주님께 경배드릴 수 있도록 하나님께서 직장을 바꿔주시든지 아니면 회사 정책이나 상사의 마음이 바뀌도록 기도해야 한다. 그럼으로써 일과 가정 생활, 교회에서의 믿음 생활 사이에 균형을 유지할 수 있어야 한다. 돈을 많이 벌어서 세상의 호화로운 것들을 누리다 보면 그것이 올무가 되어 믿음에서 멀어지게 된다. 그리스도인은 탐욕이 없도록 하고 검소해야 하며 가진 것에 만족하고 살아야 한다는 것이 주님의 명령이기 때문이다(히 13:5).

자녀 교육을 위한 지혜

그리스도인 학생들에게는 학교 생활이 곧 사회 생활이다. 세상의 교육은 부패했기 때문에 미국의 성경적으로 믿는 목사들이나 성도들 대부분은 홈스쿨링으로 아이들을 가르치고 있다. 그러나 외국에서 이민 생활을 하는 교포들은 홈스쿨링을 하기에는 여러 가지 힘든 점이 많다. 대부분 부부가 함께 경제를 담당해야 하기에 아이들을 공립 학교에 보낼 수밖에 없는 현실이다. 세상 교육을 위해 아이들을 학교에 보낼 때 많은 보호와 주의가 필요하다. 우선, 친구를 잘 분별해서 사귀도록 지도해야 한다.

이곳 미국, 특히 자유주의자들이 정권을 잡은 캘리포니아 LA 지역에서는 아이들이 학교에서 마약을 사는 것이 가게에 가서 담배 사는 것보다 더 쉽다. 학교에서 점점 더 어린 학생들에게 성교육을 실시하는가 하면 아이들을 대상으로 직간접적으로 동성애를 조장하고 있다. 세상 교육은 지금 엄청난 타락으로 치닫고 있다. 악하고 어리석은 자들이 정치를 하기 때문에 LA, 샌프란시스코 시내에는 마약에 취한 노숙자들이 차고도 넘친다. 그런 정치인들이 정치하는 곳의 학교 제도가 우리 아이들을 바르게 키워줄 것이라고 믿는 것은 철저한 오산이다. 우리 스스로가, 그리스도인 부모들과 교회가 우리 아이들을 보호하고 바르게 자라도록 지도해야 한다.

세상 교육은 성경과 정반대의 사상들을 아이들에게 가르치고 주입한다. 그 안에서 무엇이 성경적으로 올바른 것이고 무엇이 잘못된 것인지를 가르쳐 주어야 한다. 세상에서 교육받은 대로 자란다면 아이들은 구원받지 못하고 하나님을 대적하는 자로 살게 될 것이다.

간단히 말해서 세상 교육은 다 잘못되었다고 생각하면 된다. 단지 우리가 아이들을 학교에 보내는 것은 일하는 데 필요한 요건을 갖추기 위해서이다. 말씀에 어긋나지 않는 직업을 갖기 위해 각 분야의 전문가나 기술자가 되어 생활을 영위하기 위해서이다. 좋은 학교를 나와서 학위를 자랑하기 위해서가 아니다. 믿음 생활을 하기에 더 나은 일자리를 가지기 위해서이다. 직업이 없이는 생활도 할 수 없고 하나님의 사역도 할 수 없다.

성경적으로 믿는 우리 교회는 아이들에게 공부에도 결코 게으르지 않도록 가르친다. 공부를 열심히 하는 아이들은 믿음 생활도 열심히 한다. 한국 사람들은 민족적으로 머리가 좋다. IQ 테스트에서 항상 평균적으로 상위권이다. 게으름을 피우지 않고 조금만 열심히 하면 모두 좋은 결과를 얻을 수 있다. 그러므로 자녀들이 학생으로서 게을러지지 않도록 부모들이 성경적으로 주의를 주고 바른길로 인도해 주어야 한다.

우리는 또 가족 외의 친지들, 친구들, 지인들과의 관계 속에서 생활한다. 그들 중에는 그리스도인들도 있고 구원받지 못한 자연인(고전 2:14)들도 있다. 그리스도인이 아니라고 해서 친지들과 지인들, 친구들을 전혀 만나지 않는 것은 잘못된 생각이다. 구원받지 못한 사람들과는 상종조차 하지 말라고 가르치는 목사들도 있지만 이는 잘못된 믿음이다. 그렇게 되면 땅 끝까지 예수 그리스도의 증인이 되라는 명령은 지킬 수가 없지 않은가. 그들과 상종하지 말라고 하는 목사들의 속내는 모든 시간을 목사와 교회 일에만 쓰라는 것이다. 교인들을 교회 일에 매어 놓으면 가정 생활,

사회 생활에 소홀하게 되고 그로 인해 많은 가정이 파괴된다. 성경은 우리에게 모든 선한 일에 힘쓰고 복음을 전하라고 말씀한다.

우리의 삶의 가장 큰 목표는 주변에 있는 구원받지 못한 가족, 친지, 지인, 친구들을 구원으로 인도하는 것이다. 그들에게 전도지 한 장이라도 주어서 복음을 전해 보았는가. 안 했다면 지금부터라도 해야 한다. 누가 그 사람들을 지옥으로 가는 길에서 돌이킬 것인가. 그들 중 누가 교회에 다닌다고 해서 모두 구원받은 것이 아니다. 구원은 교회에 다닌다고 해서 받는 것이 아니기 때문이다. 반면에 교회에 나가지 않더라도 구원받을 수 있다. 복음을 전하는 사람을 통해서든 성경을 읽다가 깨달았든 그 자리에서 자신이 하나님 앞에 죄인인 것을 시인하고 회개하며, 하나님이신 예수 그리스도께서 자신의 죄로 인해 십자가에서 피 흘려 죽으셨다가 부활하신 사실을 마음으로 믿고 입으로 시인하여 주 예수 그리스도를 영접하면 하나님께서 영생을 선물로 준다고 약속하셨다.

구원을 받는 것은 개인이 목사나 교회와 갖는 관계에 달린 것이 아니다. 인간을 구원하시는 '하나님의 구원 계획'을 믿으면 되는 것이다(이 책의 맨 뒷장 참조). 영이신 창조주 하나님께서 육신으로 오셔서 나의 죄를 대신해서 십자가에서 죽으셨고 부활하셨으며, 그것을 받아들여 믿는 사람은 값없는 선물로 영생을 받는 것이다. 이렇게 쉬운 하나님의 구원 계획이 전파되는 것을 막고 사람들을 교회 안으로만 몰아서 헌금이나 걷고 열심히 종교 생활을 하게 만들다가 지옥으로 보내는 것이 진리를 전하지 않는 한국 교회의 가장 큰 문제이다.

구원을 받는 방법이 너무 쉽기에 사람들은 이를 믿지 못하고 스스로 종교의 멍에를 메고 종교 생활에 열심을 낸다. 열심히 행함으로써 스스로 구원에 이르려고 노력한다. 구원받고 하늘나라 가려고 예수님도 믿고, 새벽기도 나가고, 세례 받고, 방언하고, 헌금도 많이 내고, 사람들을 교회로 데려온다는 점에서 그들은 카톨릭과 다를 것이 없다. 카톨릭 교회에서도 예수님 믿고, 세례 받고, 일곱 성사를 하고, 그것도 모자라 죽은 다음에도 신도들이 와서 구원해 달라고 주문 같은 기도문을 읊는다. 장로교, 감리교 같은 개신 교단들이 그런 점에서 카톨릭과 크게 다르지 않다. 그런 종교 행위와 의식으로는 구원받을 수 없다.

그리스도인들은 세상에서 떠나서 사는 것이 아니라 세상 사람들과 함께 살면서 그들에게 복음을 전해야 된다. 특히 가족들처럼 가까운 사람들은 받아들이지 않는다고 해서 한두 번 전하고 관계를 끊으면 안 된다. 죽을 때까지 관계를 유지해 두어야 나중에라도 다시 전할 수 있는 기회가 생기기 때문이다.

사람들은 죽음을 눈앞에 두었을 때 마음이 약해진다. 그때 복음을 제시하면 받아들여서 구원받는 사람들이 많이 있다. 나는 그런 경험을 많이 했다. 친구들, 친지들, 지인들과 관계를 유지하면서 포기하지 않고 기다렸기 때문에 그들이 복음을 받아들여 구원받을 기회가 생기는 경우가 많이 있었다. 그렇기 때문에 관계를 끊지 말아야 한다. 관계가 나빠져서 임종이 다가온 순간에 병원 문에도 들어가지 못한다면 구령할 기회를 영원히 놓치게 되는 것이다.

구령도 계획을 짜서 해야 한다. 길에서 한 번 만나고 마는 사람이라면 그 자리에서 구원받지 않는다 해도 어쩔 수 없다. 거리설교에 나가서나 집집마다 다니면서 전도지를 건네줄 때 주님의 말씀을 강력하게 전해도 상대방이 받아들이지 않으면 더이상 할 수 있는 일은 없다. 그러나 우리 주변에 있는 사람들은 시간을 두고 계획을 세워서 구령해야 한다. 받아들이지 않는다고 해서 관계가 악화되도록 해서는 안 된다. 그들과 언제든 다시 만날 기회가 생길 수 있으므로 포기함으로써 그 사람의 구원의 기회를 완전히 막아서는 안 된다. 이런 모든 것에 필요한 것은 지혜이다.

정교 분리에 대한 오해

지금까지 구원받은 후의 사회 생활에 대해서 간략하게 다루었다. 마지막으로 한 가지 덧붙일 말은 많은 사람이 정치와 종교의 분리에 대해 갖고 있는 오해에 대해서이다. 정교 분리의 원칙이 그리스도인은 무조건 정치에 대해 의견을 제시하면 안 된다는 의미인 것으로 생각하는 사람들이 있다. 미국의 예를 든다면, 학교에서 성경책을 읽으면 안 되고 기도 모임을 가져서도 안 된다고 한다. 미국은 유럽에서 종교적 핍박을 받은 사람들이 건너와서 건립한 나라이다. 국가가 특정 종교를 받아들이지 않으면 감옥으로 보내거나 목숨을 빼앗았을 때 핍박을 받던 사람들이 새로운 땅을 찾아서 나라를 세운 것이다. 말하자면 그리스도인들이 세운 국가인 것이다. 국가가 법으로 종교를 막으면 안 된다고 하는 것이 정교 분리이다.

예를 들어 말레이시아 같은 나라에서는 국가 종교가 이슬람교이다. 그 나라 국민들은 태어나자마자 모슬렘이 되어야 한다. 정교 분리란 그런 식으로 국가가 국민에게 종교를 강압적으로 강요해서는 안 된다고 하는 것이다. 국가가 종교를 강요하면 하나님의 복음이 그 나라에 들어갈 수 없고 국민들은 구원받을 기회를 박탈당하게 되는 것이다. 그런데 아이러니하게도 그리스도인들이 세운 나라 미국의 학교들에서 이슬람은 보호받고 성경 모임은 막는 일이 생겨나고 있다. 자유주의자들이 정치를 하면서 미국에서 복음이 전파되는 길을 막아버리고 있는 것이다. 오직 주 예수 그리스도께만 구원이 있다는 것을 전하는 그리스도인들을 증오 범죄자, 혐오 표현 사용자, 차별주의자로 낙인찍는다.

우리는 시민으로서의 권리를 행사하여 사회에 참여할 때 주의해야 한다. 투표에 참여할 때 최대한 복음이 막히지 않는 쪽으로 투표해야 한다. 국가 지도자를 뽑을 때 종교의 자유와 언론의 자유를 보장하는 인물에게 우리의 권리를 행사해야 하는 것이다. 그럼으로써 최소한 우리 그리스도인들이 자유롭게 복음을 전할 기회를 얻게 되는 것이다. 오래 전부터 예견해 온 대로 오늘날 미국은 동성 결혼, 마약 등이 합법화되었다. 그리스도인들이 목숨을 바쳐 세운 나라가 마귀의 지배로 넘어가 버린 것이다.

나는 수십 년 동안 그리스도인들이 핍박받을 때가 다가오고 있는 것을 경고해 왔다. 자유를 빼앗겨보지 못한 사람들은 자유가 얼마나 소중한 것인지 뼈저리게 느끼지 못한다. 우리는 사회 참여를 하되 자유 민주주의와 자본주의 시장 경제를 수호하는 쪽으로 우리의 권리를 행사해야 한다. 자유를 빼앗기면 우리는 노예 생활을 하게 되는 것이다. 시장 경제가 사라지면 사회주의, 공산주의 체제로 경제가 돌아가게 되고, 그러면 북한처럼 굶주리는 상황이 올지도 모른다. 소련이나 베네수엘라 같은 나라는 그래서 망하게 된 것이다. 국민들을 조종하기 위해 시장 경제를 없애고 국가가 모든 것을 통제하면 결국 자본주의는 깨지고 경제는 파괴되며 자유도, 인권도 사라진다.

사회주의, 공산주의 체제에서는 경제가 일어날 수 없다. 모두 똑같이 나눠 갖자고 하는데 누가 열심을 내어 일을 하겠는가. 정부가 다 책임져 준다고 국민들이 일을 하지 않으면 그 나라는 경쟁력도 떨어지고 도태될 수밖에 없다. 남미의 베네수엘라는 카톨릭이 국민의 96%나 되는 나라인데, 기름으로 인해 엄청난 부를 자랑하는 나라였다. 그런데 그렇게 기름이 많은 나라가 사회주의 경제 시스템으로 인해 나라에서 먹여주니 국민들이 일을 안하고 경제는 붕괴되었으며, 결국 먹을 것도 구하기 힘든 상태로 전락하고 말았다.

사회주의, 공산주의를 신봉하는 정치가들이 머리가 나빠서 나라가 그렇게 되는 것이 아니다. 그들은 악하고 악랄해서 국민들이야 어찌 되든 관심이 없다. 그들의 관심사라고는 오로지 자신들이 가진 부와 권력을 놓치지 않기 위해 국민들을 조종하고 이용하는 것이다. 이런 모든 이유로 우리는 보이지 않는 것을 바라보고 소망하며 사는 그리스도인이지만 우리의 목소리를 내야 한다. 우리가 복음을 전파할 자유를 지키기 위해서이다.

또한 우리는 온 힘을 다해 좋은 간증을 유지해서 많은 열매를 주님 앞에 가져와야 한다. 열심히 살더라도 좋은 간증이 없다면 복음을 전해도 사람들이 들으려 하지 않을 것이다. 좋은 간증을 유지하려면 고난을 견디는 인내가 있어야 하며 이를 위해 쉬지 않고 기도해야 한다. 사회에서 예수 그리스도의 증인으로서 효과적으로 복음을 전하고 좋은 간증으로써 주님을 섬길 수 있도록 성령의 도움을 구해야 한다. 우리는 죽는 날까지 우리가 속해 있는 사회에서 빠져나갈 수 없다. 따라서 이 악한 현 세상에서, 이 악한 사회에서 어떻게 해서든지 좋은 간증을 유지하며 살아야 한다. 결코 죄와 타협해서는 안 된다.

만약 이 글을 읽는 사람 중 구원받지 못한 사람이 있다면 오늘이 구원의 날이 되기를 진심으로 기도한다. 구원받으려면 첫째, 자신이 죄인인 것을 시인해야 한다. 하나님은 거룩하시기에 죄악을 용납하실 수 없다. 사람들은 '죄인'이라고 하면 살인, 절도 등을 저지른 사람을 생각하지만, 그렇지 않다. 하나님을 거부한 죄, 그것이 가장 큰 죄이다. 자신이 죄인으로 태어나서 죄를 지을 수밖에 없다는 것을 인정하고, 육신으로 오신 하나님이신 예수 그리스도께서 십자가에서 자신의 죄 때문에 피 흘려 죽으시고 다시 부활하신 사실을 믿어야 한다. 그렇게 하면 로마서 10장 9절에서 약속하신 말씀대로 구원해 주시는 것이다.

「네가 네 입으로 주 예수를 시인하고 또 하나님께서 그를 죽은 자들로부터 살리신 것을 네 마음에 믿으면 구원을 받으리라.」

이 말씀을 믿는다면 다음과 같이 기도함으로써 예수님을 영접하면 된다. "위대하신 하나님 아버지, 저는 지옥에 갈 수밖에 없는 죄인입니다. 죄를 회개하오니 용서하여 주십시오. 저는 예수님께서 하나님이시며, 저의 모든 죄를 위하여 십자가에서 피 흘려 죽으시고 장사되셨다가 부활하신 사실을 믿습니다. 주 예수 그리스도를 저의 구주로 영접하오니, 지금 이 순간 제 안에 들어오셔서 저를 지옥으로부터 구원해 주십시오. 저를 지옥으로부터 구원해 주셔서 감사합니다. 주 예수 그리스도의 이름으로 기도 드립니다. 아멘."

이렇게 마음으로 믿고 입으로 시인했다면 당신은 구원받은 것이다. 의심하지 말라! 많은 사람은 구원받는 것이 그렇게 쉬운지에 대해서 확신하지 못한다. 그러나 우리가 그렇게 쉽게 구원받을 수 있도록 하나님께서 이 죄 많은 세상에 오셔서 핍박과 수모를 당하시고 십자가에서 돌아가신 것이다. 하나님의 은혜와 사랑을 믿고 받아들이는 모든 사람에게 영생을 선물로 주시기 위해서이다. 구원은 이처럼 쉽게 받는 것이다.

구원받은 후 성도의 영적 전쟁

「너희는 마귀의 술책에 대항하여 설 수 있도록 하나님의 전신갑옷을 입으라. 이는 우리의 싸움이 혈과 육에 대항하는 것이 아니라 정사들과 권세들과 이 세상 어두움의 주관자들과 높은 곳들에 있는 영적 악에 대항하는 것이기 때문이니라. 그러므로 너희는 하나님의 전신갑옷을 입으라. 이는 너희가 악한 날에 저항할 수 있으며 또 모든 일을 다 이루기까지 서 있게 하기 위함이니라」(엡 6:11-13).

우리는 구원 후 성도가 치르는 영적 전쟁에 대해 공부하고 있다. 구원받기 전에도 인간은 마귀의 자식으로서 사실상 영적 전쟁에 참여한 것이었는데 단지 그것을 모르고 지냈을 뿐이다. 구원받고 난 뒤 우리는 이제 하나님의 편에서 영적 전쟁을 치른다. 설교나 성경 공부를 통해 영적 전쟁에 대해서 많이 듣고 또 공부하면서도 실생활에서 부딪치는 문제들을 잘 이겨나가지 못하는 것이 많은 그리스도인이 처한 현실이다. 영적 전쟁에 대한 중요한 부분들을 구체적으로 살펴봄으로써 승리하는 영적 삶에 더욱 가까이 다가서기를 기도한다.

'영적 전쟁'은 우리가 흔히 쓰는 말인데 자칫 추상적으로 들릴 수 있는 말이다. 12절은 우리의 싸움이 혈과 육에 대항하는 것이 아니라고 말씀한다. 우리가 육신적으로 싸우는 것 같고 사람과 사람 간에 싸우는 것 같지만, 그 이면을 보아야 한다. 그것이 영적 싸움이다. 그래서 「**정사들과 권세들과 이 세상 어두움의 주관자들과 높은 곳들에 있는 영적 악에 대항하는 것**」이라고 말씀한다.

우리의 적군은 영적 악이다. 그 두목은 마귀이고 부하들은 마귀들과 마귀의 자녀들이다. 구원받기 전 모든 사람은 죄의 성품을 가지고 마귀의 자식으로 태어났다가 복음을 듣고 하나님의 아들로 거듭나게 된다. 구원받기 전까지 우리는 마귀의 편에서 하나님을 대적하는 전쟁에 이미 투입

되어 있었다. 그저 육신적 삶을 사는 것으로만 생각했지만, 육신의 일들 뒤에는 하나님을 대적하는 영적 악이 있었다. 우리는 느끼지 못하고 인지하지 못하는 사이에 이 세상의 신인 사탄에게 장악당했고 조종당했으며, 생각과 말과 행동으로 하나님을 대적하는 일들을 했던 것이다.

구원받고 하나님의 자녀가 된 후 우리는 하나님의 아들로서 하나님을 위하여 영적 전쟁에서 싸우게 된다. 적군은 끊임없이 하나님을 대적하는 사탄의 무리들로서, 자기의 자녀들을 최대한 뺏기지 않고 모두 지옥으로 보내기 위해 온갖 술책으로 사람들을 속인다. 또한 일단 구원을 받아 하나님의 자녀가 된 사람들에 대해서는 믿음을 실족시켜 주님을 위해 아무것도 하지 못하고 하나님을 위해서 싸우지 못하도록 만든다. 이것이 세상에서 일어나는 모든 영적 전쟁의 핵심이다.

이 전쟁에는 특이한 점이 있다. 전쟁에 임할 때 단순히 적군과 싸우기만 하는 것이 아니라 사탄에 속한 적군들을 이겨 와야 한다는 것이다. 이것을 구령(soul winning)이라고 한다. 전쟁의 목적은 싸우는 데 있는 것이 아니라 연민을 가지고 그들을 주님의 편으로 데리고 오는 데 있다.

전쟁에 임하는 우리는 마귀의 술책에 넘어가면 안 되기

에 지혜가 있어야 한다. 그리스도인이 입어야 할 하나님의 전신갑옷에 대해서는 성경 공부와 설교를 통해 이미 여러 번 다루었기에 여기서는 다루지 않고, 대신 실질적으로 마귀가 공격하는 수단과 방법, 단계에 대해서 살펴보고, 이에 어떻게 대처하는지에 대해서 설명하려 한다.

약한 자를 공격

첫째 단계로, 마귀는 공격 시 항상 제일 약한 자를 노린다. 이것은 동물의 왕국에서 일어나는 일과 비슷하다. 동물 중에는 사자같이 왕으로 군림하는 맹수들이 있는가 하면 죽은 시체에 몰려드는 하이에나도 있다. 하이에나는 사자 앞에서 상대가 되지 못할지라도 떼를 이루어 무리 중 약한 것들을 공격하면 사자조차도 넘어뜨릴 수 있다.

사탄도 마찬가지이다. 사탄은 먼저 우리가 갓 구원받고 나서 아직 믿음이 연약할 때 우리에게 공격을 개시한다. 하이에나가 부모와 떨어진 사자 새끼들을 노리는 것과 같다. 하이에나는 주변을 빙빙 돌면서 술책을 써서 새끼 사자를 어미와 떼어 놓는다. 그것을 알기에 어미 사자는 항상 새끼를 무리 가운데 쪽으로 몰면서 보호한다. 그러면서 싸움이 시작된다.

마찬가지로 우리가 구원받자마자 사탄은 연약한 자를 교회로부터 떼어 놓기 위해 공격한다. 공격이 성공해서 사탄이 이기면 그 사람은 사탄에게 장악당한 것이다. 하이에나 떼가 사자나 호랑이 같은 맹수의 새끼를 무리에서 떼어 놓고 한꺼번에 덤벼서 잡아먹는 것과 같다.

성도들이 구원받자마자 당하기 쉬운 것은 사탄이 주는 두려움에 넘어가는 것이다. 겁을 줌으로써 구원받은 사람들이 믿음을 행사하지 못하고 말씀으로 양육되지 못하도록 한다. 이에 속아서는 안 되고, 두려움으로 넘어져서는 안 된다. 사탄은 여러 가지 방법으로 두려움을 준다. 하나님의 자녀가 되면 문제가 생긴다고 속인다. 그러나 잘 생각해 보면 그 문제는 전부터 존재해 온 것이지 하나님의 자녀가 되자 특별하게 생긴 것이 아니다. 오히려 삶 속에서 하나님의 보호를 받기 때문에 어려움을 덜 당하게 된다. 그런데 사탄이 두려움을 주니 예수님을 믿고 구원을 받아서 '교통사고가 났나 보다' '우리 가족이 병에 걸렸나 보다' '경제적으로 문제가 생겼나 보다' 하고 생각하게 만든다.

연약한 사람들은 이런 일들에 공격을 받고 쓰러진다. 구원받은 이후에 그런 일들을 몇 가지 겪고 나면 더 이상 교회에 나가면 안 되겠다고 생각한다. 교회를 계속 나가면 교통사고를 당하거나 질병에 걸릴 수 있겠다고 생각한다. 사탄이 공격하기에 물리적으로 또 물질적으로 손해를 입는다고 생각한다. 그러나 그것은 마귀의 술책이니 속아서는 안 된다. 우리에게는 마귀보다 강한 하나님 아버지가 계시다. 하나님께서 우리를 보호해 주시니 두려워하지 말아야 한다. 두려워하는 사람들은 영적 전쟁에서 쓰러질 수밖에 없다.

   구원받자마자 믿음이 강한 사람들은 한번 하나님을 믿었으니 그냥 그대로 믿는가 하면 어떤 사람들은 자기 꾀로 믿으려 한다. 자기 머리로 이렇게 저렇게 잔꾀를 내는 사람들은 사탄이 술책을 써서 공격하면 넘어가게 된다. 사탄은 교회에 나가다가 문제가 생길까 염려하는 사람에게는 생각한 대로 문제가 생기도록 만든다. 사탄은 약한 사람들과 자기 꾀를 믿는 사람들을 건드리면 넘어져서 믿음 생활을 못하게 되는 것을 알고 공격한다. 믿음이 강한 사람들은 설령 큰 사고가 났을지라도 믿음 생활을 지속하고 교회에 나온다. 그러기에 사탄은 믿음이 강한 사람들에게 시간을 낭비하지 않는다. 따라서 두려운 마음을 갖지 말아야 한다.

인간관계를 통한 공격

우리가 구원받은 후 사탄은 먼저 두려움을 주어 믿음을 공격하고, 그래도 안 되면 인간 관계로 공격한다. 가족의 반대나 부부간의 갈등, 부모 자식 간의 갈등으로 믿음을 약화시킨다. 예를 들어, 부부가 30년 동안 함께 은사주의 교회를 다니면서 방언하다가 남편이 성경적인 은혜의 복음을 듣고 먼저 구원을 받았다. 그런 뒤 남편이 아내에게 '우리가 지난 30년 동안 마귀에게 속은 것'이라고 말했을 때, 부인이 진리를 받아들이지 않으면 그로 인해 관계가 틀어지고 믿음이 공격받게 된다.

지금까지 내가 본 바로는 아내가 먼저 구원을 받고 남편이 안 받아들이는 경우 마귀의 공격에 무너지기가 더 쉽다. 아내가 처음에는 마음을 굳게 먹고 교회에 나오지만 결국에는 남편을 따라가서 믿음을 끝까지 지키지 못하는 것이다. 반면 남편이 믿음으로 굳게 서면 아내와 자녀들이 따라오는 경우가 많다. 그러나 중요한 것은 남편과 아내 중 누가 먼저 믿었는지가 아니다. 아내가 먼저 믿음 안에 강하게 섰을 때 남편과 자녀들이 구원을 받는 경우들도 분명 있기 때문이다. 남편이든 아내이든, 영적 전쟁에서 패배하지 않고 믿음을 계속해서 지키면 하나님께서 반드시 가족 전체를 이끌어 주신다. 결국에는 강한 쪽으로 따라오게 되어 있는 것이다.

마귀는 성도 간에 서로 교제하다가 상처를 받고 실족하여 교회에 못나오도록 만들기도 한다. 마귀의 일차적인 공격은 위와 같은 다양한 방법으로 약한 자에게 가해지는데, 성도들은 이러한 공격에 속지 말아야 한다. 사기꾼의 정체가 폭로되면 사기당하지 않는 것처럼, 이러한 마귀의 계략을 알고 미리 경각심을 가져야 한다. 마귀는 약한 사람을 건드리면 믿음이 흔들리게 되는 것을 알기에 위의 몇 가지 방법으로 믿음을 흔들어 놓는다. 그러나 강하게 믿음으로 밀고 나가면 하나님께서 우리에게 믿음의 방패를 주신다.

에베소서에 나오는 전신갑옷 중 하나가 믿음의 방패다. 방패가 있어야 날아오는 불화살들을 막을 수 있다. 믿음의 방패를 가진 사람은 얼마든지 이겨 나갈 수 있지만 믿음의 방패가 없으면 쓰러진다. 방패가 없으니 구원은 받았지만 믿음이 약한 것이다. 우리는 믿음으로 강하게 밀고 인내로 나아가야 한다. 그럴 때 승리할 수 있다.

잘못된 교리를 통한 공격

첫 단계 때 사용한 방법으로 안 넘어지면 마귀가 공격하는 두 번째 단계는 교리적으로 혼란을 일으켜 균형잡힌 그리스도인으로 양육되지 못하게 하는 것이다. 균형을 이루지 못하게 하면 믿음 생활에 차질이 생긴다. 사회에 나가서 이상한 사람이 되고, 집에서도 교회에서도 이상한 사람이 되는 것이다. 마귀는 거짓 교리로 인도하여 균형을 깨뜨리기 때문에 바른 교리를 공부하여 균형잡힌 그리스도인이 되는 것이 매우 중요하다.

마귀가 거짓 목사들을 사용해서 퍼뜨리는 거짓 교리를 몇 가지 소개하자면, 첫째, 하나님께서 모든 것을 다 해 주신다는 가르침이 있다. 긍정적으로 설교하는 것처럼 들리지만 이는 결국 갓 구원받은 사람을 수동적으로 만들려는 것이다. 구원받았으니 하나님께 기도만 하면 돈도 주시고 원하는 것은 무엇이든지 다 주신다고 속이는 것이다. 그러나 그것은 진리가 아니다. 우리는 최선을 다해서 살아야 한다. 악을 피하고 선한 일을 해야 하고, 나가서 열심히 일도 해야 한다. 무조건 기도만 하면 다 된다는 잘못된 믿음으로 많은 사람이 수동적으로 되는 것이다.

또 다른 예로 칼빈주의가 있다. 나가서 열심히 복음을 전하고 구령을 해야 하는데, 칼빈주의에 의하면 구원받기로 예정된 사람은 어차피 구원을 받게 된다고 하니 구령할 생각을 안 하게 된다. 혼에 대한 열정이 식어 버리는 것이다. 칼빈주의 예정론은 마귀의 교리이다. 한편 은사주의에서는 기복 신앙을 가르쳐 예수 믿으면 병이 낫고 부자가 된다고 속인다. 그런 잘못된 믿음이 들어가면 균형잡힌 사회 생활을 하지 못하고 열심히 일하지 않게 된다.

유명한 은사주의자 목사들 가운에 사기꾼들이 많은데 대표적인 예가 C목사이다. 2017년 대법원에서 배임, 탈세 등의 죄로 징역 2년 6개월에 집행유예 4년을 선고받았는데 아직까지도 그를 따르는 사람들이 많다. 교회 돈을 탈취했건 간음을 저질렀건 상관하지 않는 것이다. C목사의 부인도 사기를 치던 것이 탄로났다. 미국에 신학원을 차린 뒤 S교회에서 선교비로 보내온 돈으로 부동산을 사서 부를 축적한 것이다. 이처럼 사탄은 교리적 혼란을 가져오거나 은사주의 기복 신앙으로 사람들을 완전히 이상하게 만들고 교회를 흔들어 놓는다.

세상 직업에 대한 극단적 태도

또한, 마귀는 세상 일을 하기 싫어하도록 만든다. 물론 구원을 받고 나서 처음에는 세상 일이 싫어질 수도 있다. 나도 구원받고 나서 처음에는 아내와 RV차량을 타고 전국을 다니면서 복음을 전하고 구령하면서 살았으면 좋겠다는 생각을 했다. 구원받은 사람으로서 혼에 대한 열정을 갖는 것은 당연한 일이다. 지옥으로 가고 있었는데 하나님의 은혜로 값없이 구원을 받았고 영생을 얻었기 때문이다.

그러나 세상 일이 하기 싫어질 때 우리는 마귀에게 속는 것이다. 구원은 받았어도 아직 성경 지식이 없기 때문에 속을 수가 있다. 나는 아내에게서 결혼 선물로 영어 킹제임스 성경을 받았을 때 태어나서 처음으로 성경을 만져보았는데, 후에 나에게 복음을 전해 준 형제가 펼친 성경의 로마서 10장 9절을 믿고 구원을 받았다. 구원받은 직후에는 아직 성경 지식이 없었고 자신의 가족을 돌보지 않는 자는 불신자보다 더 악하다는 말씀이나, 일하기 싫으면 먹지도 말라는 말씀은 전혀 모르는 상태였다. 세상은 악한 마귀들이 장악하고 있으니 세상 일을 하기 싫고 복음만 전하며 살고 싶다는 마음이 들었다. 당시 회계사로 일하던 나는 침례교회에서 양육을 받았기에 생활 속에서 믿음의 균형을 유지하는 것을 배워 실천하였다. 그러나 처음에는 나 자신도 세상 일을 하기 싫다는 마음을 가졌었기 때문에 성경적인 지식이 아직 부족, 영적으로 어린 상태에서 조심해야 한다는 것을 체험으로 알고 있다. 마귀는 영적으로 약한 시기에 그리스도인을 공격하여 세상 일을 하지 못하도록 만든다.

　남편이 세상 일 하기를 싫어하고 게을러지게 되면 가정적으로 불화가 오게 된다. 가장이 일을 해서 가족을 부양해야 하는데 세상 일이 하기 싫다며 일은 안 하고 나가서 전도지만 돌리다가 집에 오면 좋아할 아내가 어디 있는가. 그렇게 하다가 시간이 지나면 부인이 이혼을 요구하게 되고 가정은 파괴되는 것이다. 세상 일은 하기 싫고 매일 전도하고 성경만 읽고 싶어졌다고 해서 갑자기 자신의 믿음이 월등해진 것이 아니다. 오히려 그것은 마귀에게 속은 것이며, 그런 자세는 균형잡힌 그리스도인으로 만들어주지 못한다. 성경을 공부할 때는 공부하고, 구령할 때는 구령하고, 사회에 나가서 일할 때는 일하고, 가족들과 함께할 때는 함께하고, 교회에 나갈 때는 교회에 가는 것이 균형잡힌 그리스도인, 훌륭한 그리스도인인 것이다. 이것은 이루기 쉬운 목표는 아니다. 믿는 사람들 대부분이 균형을 이루지 못하는 부분들이 있다. 그렇기 때문에 그런 부분까지도 교회에서 양육을 받아야 한다. 우리는 말씀 안에서 균형잡힌 삶을 살 때에만 능력있고 열매 맺는 그리스도인의 삶을 살 수 있다.

　많은 교회에서 성경을 잘못 가르침으로써 사람들이 망가지는 것을 본다. 균형이 깨진 상태, 즉 매일 교회에 와서 살다시피 하고, 세상 일, 가정 일 모두 아무 소용 없는 것이라고 생각하는 것이 믿음이 좋은 것이라고 착각하게 만든다. 아내들은 새벽 기도에 나가느라 식구들 아침을 챙겨 주거나 아이들 학교 보낼 준비는 등한시한다. 매일같이 교회에서 사느라 살림을 할 시간이 없다. 남편이 참다 못해 이혼을 요구하면, 자신은 믿음 때문에 박해를 받는다고 착각하고 이혼 서류에 도장을 찍는다.

이런 문제로 외부 사람들이 나에게 상담을 청해오기도 한다. 그중에는 이혼한 것을 훈장 받은 것처럼 자랑스럽게 이야기하는 이들도 있었다. 어떻게 하다가 이혼하게 됐냐고 물으면 본인이 새벽기도를 비롯해 교회 모임에 빠지지 않고 매일 나가는 것을 남편이 싫어하고 자신을 박해해서 결국 이혼하게 되었다고 말한다. 그러면 나는 잘못은 가정에서 아내로서, 어머니로서 본분을 다하지 못한 본인에게 있다고 알려 준다. 이런 사례가 많은 것이 현재 한국 교회의 안타까운 실태이다.

마귀는 성별하고자 하는 마음을 이용해서 우리를 속이고 극단적으로 만든다. 구원받으면 하나님을 섬기고 싶고 하나님의 말씀대로 살며 세상과 성별하고 싶어지는 것은 당연한 일이고 성경적인 것이다. 그런데 마귀는 그런 면에서 극단적으로 만든다. 극단적으로 살면 본인 스스로 뭔가 되는 것처럼 느끼게 된다. 담배, 술, 마약도 끊고, 성경적이지 않은 것들을 단번에 끊으면 본인이 굉장히 거룩한 줄 착각한다. 그러면서 교회의 다른 성도들을 판단하기 시작하며 모두 자기보다 못하다고 생각하게 된다. 그러나 하나님께서는 이런 사람에게 열매를 안 주신다. 남을 정죄만 하는 사람은 혼을 이겨오는 구령에 대한 열정도 없다. 의무적으로 모든 모임에 참석하지만 열매는 전혀 없는 것이다.

그런 사람들은 교만한 마음에서 자신만 매우 의롭다고 생각한다. 우리는 구원받은 뒤에 세상의 더러운 것들을 끊고 담배나 술 등 나쁜 습관을 끊는다. 그러나 자신만 그렇게 하는 것처럼 말하는 것은 위험한 것이다. 죄에서 성별되는 것은 당연히 좋은 것이다. 그러나 그것이 자신의 의로써 자신만이 할 수 있는 것이라고 생각하는 것은 위험한 것이다. 이런 사람은 하나님께서 절대로 사용하지 않으신다.

정부에 대한 극단적 태도

마귀는 정부의 정책에 대해 극단적으로 대적하게 만들기도 한다. 여기서 자국민의 유익을 추구하지 않고 국민의 생명과 권리를 박탈하며 신앙의 자유를 억압하는 체제에 대하여, 또는 그런 체제에 동조하는 세력에 대하여 책망하는 것을 말하는 것이 아니다. 정부가 합법적으로 정책을 시행하는 것에 대해 대적하는 것을 말하는 것이다.

미국에는 정부에서 세금을 거두어 악한 데 사용하니 세금을 내지 말아야 한다는 주장을 하는 목사들이 있고, 그중에는 세금을 내지 않아 결국 감옥에 가거나 교회 건물이 차압을 당하는 경우도 있다. 성도 수가 많은 큰 교회 목사들 중 그런 일을 겪은 이들을 나도 몇 알고 있다.

그러나 그런 극단적인 주장은 성경적이지 않다. 예수님께서 왕국의 자녀는 세금을 안 내도 되지만 좋은 간증을 위해서 내야 한다고 하셨다. 로마서 13장도 다스리는 자들이 하나님의 일에 전념하도록 세금을 내라고 명령한다. 우리가 매일 이용하는 고속도로 등 각종 사회 인프라는 국민이 낸 세금으로 구축되는 것이다. 물론 사회주의, 공산주의자들이 강제로 80%, 90%를 거둬가는 것은 강도질이지만, 신앙의 자유를 주는 합법적 국가인 미국에서는 반드시 납세의 의무를 다해야 한다.

마귀는 그리스도인을 극단적으로 만들어 멸망시키기 때문에 성도들은 깨어 있어 조심해야 하고 성경적으로 믿는 교회에서 양육을 받아야 한다. 교회에서 잘못 배우면 균형잡히지 못한 그리스도인이 되어서 본인만 망하는 것이 아니라 가정과 주변 사람들까지도 함께 망하는 것이다. 잘못된 교회에 계속 나가면 가정이 파괴되고 사회 생활도 제대로 하지 못하는 이상한 사람이 된다. 사람들을 구령하려고 해도 잘 되지 않는다. 그렇기 때문에 성경적으로 믿는 교회에서 기초 교리부터 양육을 받아야 한다. 어떻게 살아야 하는지를 배우고 지식과 지혜를 배워야 한다. 창세기부터 요한계시록까지 하나하나 배우면서 하나님의 지식을 쌓고, 설교를 통해 이 세상에서 살아가는 데 필요한 실용적인 지혜의 말씀을 배워야 한다.

우리의 마음을 변화하기 위해서는 강한 설교가 필요하다. 그래서 우리에게는 기초 교리, 성경 공부, 설교, 이 세 가지가 모두 필요한데 이것을 없애기 위해 마귀가 방해를 한다. 성경적으로 믿고 가르치고 실행하는 교회에 대해 부정적으로 생각하게 하고 바른 성경에 대해 부정적인 견해를 갖게 한다. 이것이 마귀의 계략이고 술책이다.

주위 사람들을 통한 공격

세 번째 단계는 우리의 주변 사람들을 공격하는 것이다. 영적 성장에 열심을 내려고 하는데 자녀들이 문제를 일으켜서 부모를 실족하게 한다. 이런 문제에 대해 부모들이 알아야 하는 것은, 최선을 다해 자녀를 성경적으로 양육하고 그 다음은 기도로써 주님께 맡겨야 한다는 것이다. 자녀들이 잘못하고 있다면 인내로써 계속해서 바로잡아 주어야 한다. 자녀들이 실족하거나 교회에서 떨어져 나가는 등 죄에 연루되어 있을 때 포기하면 안 된다. 그것은 사탄이 원하는 것이다. 우리는 끝까지 자녀들의 믿음을 세워 주어야 한다. 쓰러지면 일으켜 줘야 하고 또 쓰러지면 또 일으켜줘야 하는 것이다. 이것이 우리가 눈을 감을 때까지 자녀들을 위해 해야 할 일이다.

부모가 100살이면 자녀들은 70살 정도일 텐데, 그때에도 계속해서 해야 할 일이다. 부모가 100살이 되어도 자녀들이 다녀가면 떠날 때 운전 조심하라는 말을 하는 것처럼, 부모는 계속 자녀들이 바르게 살도록 지도해야 한다. 우리는 절대로 사탄에게 지면 안 된다. 나는 무슨 일이 일어나더라도 사탄에게 지면 안 된다고 생각한다. 내가 구원받기 전 31년을 속았는데 또 질 수 없으니 지면 안 된다는 것이 나에게는 동기부여가 된다. 사탄에게 틈을 안 주겠다고 다짐한다.

우리는 주변 사람들로 인해서 실족하면 안 된다. 주변 사람들을 잘 일으켜 세워 주어야 한다. 부부간에나 다른 이들과의 갈등에서도 마찬가지이다. 어떤 상황에서도 믿음을 포기하면 안 된다. 주변 사람들이 우리의 믿음 생활에 방해가 되더라도 계속 그들을 양육시켜야 하고, 그들이 만일 돌아오지 않는다 해도 할 수 없는 것이다. 주변에 있는 사람이 믿음 생활을 하다가 죽더라도 우리는 중단할 수 없는 것이다. 욥의 자녀들이 죽은 경우를 보더라도 그렇다. 그는 구약 성도인데도 엄청난 믿음의 소유자였다. 은혜 복음으로 구원을 받았고 하나님의 경륜 등 성경 지식이 더 많은 우리는 욥보다 훨씬 입지가 나은 상황인데, 과연 욥이 했던 것처럼 믿음을 지킬 수 있을지 생각해 보아야 한다.

사탄은 하나님의 허락을 받고 욥에게 속한 모든 재물과 자녀들을 한꺼번에 쳤다. 우리가 욥의 상황에 처했다면 어떠했겠는가. 인간사를 볼 때 욥처럼 열 자녀가 한꺼번에 죽는 경우는 없다. 열 자녀의 장례식이 한 날에 치러진 일은 없는 것이다. 욥은 그런 상황에서도 절대로 하나님을 저주하지 않았다. 우리는 이런 믿음을 배워야 한다.

우리는 마귀의 어떤 전략에도 실족하면 안 된다. 마귀는 우리를 실족시키지 못하면 우리 주변 사람들을 실족하게 만든다. 그렇기 때문에 우리 각인은 남편이나 아내, 자녀들 모두와 함께 믿음으로 서야 한다. 우리가 믿음으로 서지 못하면 마귀는 약한 사람부터 공격을 하는 것이다. 우리는 가정에서 믿음이 연약한 사람이 누구인지 알고 그 사람을 위해 기도해야 한다. 그렇지 않으면 언젠가 우리가 당하게 된다. 가족 중에서 실족한 사람으로 인해 우리의 믿음이 흔들리게 되는 것을 명심하고 이에 대비해야 한다. 최선을 다해 기도하고 가족들을 양육해야 한다.

우리는 이미 영적 전쟁에 임한 상태이다. 이것은 총, 칼을 들고 싸우는 육신적인 싸움이 아니다. 영적 전쟁이 물리적 전쟁보다 더 무서운 것은 우리의 대적 사탄이 우리를 공격하기 때문이다. 따라서 항상 주변 사람들을 관리하고 양육하며, 기도와 지혜로 문제들을 해결해야 한다. 문제가 생길 때마다 해결을 하지 않으면 쌓여서 더 큰 문제가 된다. 그러다가 믿음이 흔적도 없이 사라질 수 있는 것이다.

육체에 대한 공격

마지막으로, 마귀는 우리의 육체를 공격한다. 욥은 마지막에 질병으로 공격을 받았다. 마귀는 하나님의 허락 없이는 생명을 앗아가지 못한다. 하나님께서 욥을 죽이지는 말고 나머지 모든 것은 마음대로 하라고 허락하시자 사탄은 욥의 재산과 자녀들, 모든 것을 앗아간 뒤 마지막에 질병으로 그를 쳤다. 욥이 고통 속에서 하나님을 저주하리라고 생각한 것이다. 사탄은 육체의 병을 줌으로써 믿음을 약하게 만들어 실족시키려 한다. 너무 힘들어서 더이상 믿음을 지키지 못하게 만들려 한다.

우리는 건강에 대해 무조건 기도만 하는 것이 아니라 건강을 잘 관리해야 한다. '하나님께서 다 해 주시겠지' 하면서 몸에 안 좋은 음식들을 자제하지 않고 먹는다거나 건강에 필요한 운동을 멀리하면 질병을 피할 수 없다. 그렇게 살아서는 안 되는 것이다. 물론 이 점에서는 나도 찔림을 받지만 진리를 말할 수밖에 없다. 럭크만 박사는 건강 관리에 대해서도 철저해서 사탄에게 절대로 틈을 주지 않았다. 몸을 관리하고 텃밭을 가꾸면서 사역에 대한 스트레스를 해소했다. 그렇게 지혜롭게 건강을 관리했기 때문에 90세가 넘어서도 사역을 감당할 수 있었다. 그러나 그것은 저절로 얻어진 것이 아니라 적극적으로 건강을 관리한 결과였다. 건강을 위해 필요하면 조기에 진단도 받고 치료도 받아야 한다.

끝으로, 마귀는 그리스도인들을 물리적으로 박해할 수 있다. 나가서 복음을 전하다 보면 맞닥뜨릴 수 있는 조롱이나 반대 정도를 말하는 것이 아니다. 앞으로 그리스도인들에 대해 올 정치적인 박해를 말하는 것이다. 자유를 억압하는 악한 정권을 성경적으로 판단해야 하는 이유가 여기에 있다. 대환란이 오기 전, 즉 교회의 휴거가 일어나기 전 가장 마지막에 그리스도인들은 박해와 죽음까지도 겪을 수 있다.

기억해야 할 것은, 그것이 거짓 목사들이 아니라 정치가들로부터 오리라는 점이다. 침례인 요한을 누가 죽였는가. 그는 성경의 교리를 전하다가 죽은 것이 아니다. 왕이 동생의 아내를 취한 것을 책망했을 때 참수형을 당한 것이다. 악하게 돌아가는 한국의 현 정치 상황에 대해 아무 말도 하지 않는 목사들이 있다. 침묵할 뿐 아니라 침묵하는 것이 오히려 더 영적인 것이라고 말하는 그들은 하나님 말씀에 악한 정치가에 대한 장면은 슬며시 지나치려 한다.

야고보가 사도행전에서 순교당했을 때를 보더라도 정치적 권세를 잡은 자인 헤롯이 그를 잡아다가 죽인 것이다. 베드로까지 죽이려 했지만 그 계획은 실패로 돌아갔다. 이처럼 정치적 권세를 잡은 자들이 미래에 그리스도인들을 잡아서 박해하고 죽일 것이다. 우리는 그날이 오지 않도록 그들의 죄악을 책망하고 바르게 투표하라고 전하는 것이다. 이는 악한 정치인들이 권력을 잡아 복음 전하는 자들을 탄압하지 못하게 하기 위한 것이지 개인적인 감정이나 원한이 있어서가 아니다.

진리를 전파하는 목사라면 양심에 화인을 맞아 위선으로 악을 행하며, 똑같은 죄도 상대 진영과 자기 쪽 진영을 서로 다른 이중 잣대로 재면서도 짐짓 정의로운 체하는 정치가들을 반드시 책망해야 한다. 자신이 잘못한 일은 억지로 정당화시키고 미화하면서 남의 잘못은 최대한 확대시켜 처벌하려 하거나 남에게 덮어씌우려 하는 좌파 정권의 성향은 한국뿐 아니라 미국에서도 볼 수 있는 현실이다. 그것은 인간의 죄악된 본성의 발로이다. 언론도 객관적 보도를 하지 않고 편파적 보도로 일관한다. 정작 중요한 부분은 빼고 자신들의 입장에 부합되는 부분만 편집해서 보도함으로써 의도적으로 시청자를 오도한다.

이런 인간의 악한 부분들을 하나님 말씀으로 깨뜨려야 한다. 죄악을 죄악이라고 일깨워 주어야 인간에게 소망이 있는 것이다. 자신이 죄인이라는 것을 보지 못한다면 구원받을 수 없다. 하늘나라에 가기 위해 죄인인 자신이 할 수 있는 것은 아무것도 없고 오직 예수님만 믿어야 한다는 진리가 그들에게 영생을 줄 수 있다.

한 가지 주의해야 할 것은, 모든 것을 무조건 마귀 탓으로 돌려서는 안 된다는 것이다. 자신이 최선을 다하지 않았다거나 부주의해서 일어난 일을 무조건 마귀의 공격이라고 해서는 안 된다. 운전 중에 전화기를 보느라 앞 차를 받아 놓고 마귀가 공격했다고 하면 안 된다는 말이다. 길을 가다가 부주의해서 돌에 걸려 넘어졌는데 마귀를 탓하는 사람도 있다. 자신이 최선을 다해야 할 부분, 주의해야 할 부분은 자신이 해야 하는 것이다.

그리스도인은 마귀가 엄청난 공격을 한다는 것을 알고 깨어 있어 영적 전쟁에서 승리해야 한다. 구원 후 성도들은 이 영적 전쟁에서 패배해서는 안 된다. 전쟁은 싸우지 않으면 지는 것이고 수동적으로 있으면 역시 패배하는 것이다. 우리는 반드시 승리해야 한다. 한번 쓰러졌다 해도 다시 일어나고 절대로 포기해서는 안 된다. 주변에 있는 사람들이 쓰러졌을 때에도 일으켜 세워주어야 한다. 생의 끝날까지, 주님께서 오시는 그날까지 싸워야 한다. 「**그러므로 하나님께 복종하라. 마귀를 대적하라. 그리하면 그가 너희로부터 도망하리라**」(약 4:7). 「**믿음 안에 굳게 서서 그를 대적하라. 이는 세상에 있는 너희 형제들도 동일한 고난을 당하는 줄을 앎이니라**」(벧전 5:9).

구원받은 후
성도의 복된 소망

「이는 구원을 주시는 하나님의 은혜가 모든 사람에게 나타나서, 우리를 가르치시되, 불경건과 세상 정욕들을 거부하고, 우리로 신중하며, 의롭고 경건하게 이 현 세상을 살아가게 하시며, 그 복된 소망, 곧 위대한 하나님이신 우리 구주 예수 그리스도의 영광스러운 나타나심을 기다리게 하셨음이니, 그가 우리를 위하여 자신을 주신 것은 우리를 모든 죄악에서 구속하시고 자신을 위해 정결케 하사 선한 일에 열심을 내는 독특한 백성이 되게 하려 하심이라. 이런 것들을 말하고 권면하며 모든 권위를 가지고 책망하여 아무도 너를 업신여기지 못하게 하라」(딛 2:11-15).

구원받기 전에 우리가 가졌던 가장 큰 소망은 아마도 '성공'이었을 것이다. 우리는 어릴 때부터 부모나 주변 사람들로부터 세상에서 성공해야 한다는 말을 듣고 자란다. 사람들은 세상에서의 성공을 추구하면서 산다. 더 좋은 학교에 진학하기 위해 갖은 노력을 쏟는 것도, 큰 돈을 들여서 외국으로 유학을 가는 것도 모두 성공하기 위해서이다.

그러나 구원받고 난 후 우리의 소망은 달라진다. 세상적인 성공을 소망하는 것에서 훌륭한 그리스도인으로서 하나님을 기쁘시게 하고 영화롭게 해 드리고 싶은 소망으로 바뀌는 것이다. 진리인 성경 말씀을 공부하고 싶어지고, 불쌍한 혼들을 보면 전도지 한 장이라도 전해 주고 싶은 마음이 생기게 된다. 각자에게 다양한 은사를 주셔서 사역으로 부르시는 하나님의 부르심에 응답하여 하나님을 섬기고 싶은 소망이 생긴다.

본문은 구원받은 후에 성도가 가지는 가장 복된 소망을 말씀하고 있다. 「**그 복된 소망, 곧 위대한 하나님이신 우리 구주 예수 그리스도의 영광스러운 나타나심을 기다리게 하셨음이니**」(딛 2:13).

우리의 복된 소망

우리의 복된 소망은 구주 예수 그리스도의 나타나심이다. 우리는 구주 예수 그리스도께서 오시는 것을 소망하며 하루하루를 살아야 한다. 구원받고 난 후 사실 그것에 대해서 잘 실감하지 못할 수 있다. 주님께서 곧 오셔서 우리를 데려가시는 것을 소망하기보다 땅의 일을 더 생각할 수 있다. 이 땅에서 어떻게 해서든 더 많은 사람이 구원받는 것을 바랄 수 있다. 특히 가족들이 구원받기를 바라는 마음이 먼저 든다. 자신이 지옥으로부터 건짐을 받은 뒤 아직 예수님을 구주로 영접하지 못한 가족들의 구원부터 생각하게 되는 것은 당연한 일이다. 어떻게 하면 가족들에게 복음을 전할 수 있을까, 말씀을 배워서 효과적으로 그들을 주님께 인도할까 하는 생각으로 가득차게 된다.

갓 구원받았을 때의 믿음은 영적으로 어린 아기와 같다. 믿음이 성장하기 전에는 휴거, 주님의 오심 등을 성경으로 배워서 머리로는 다 알지만, 일상 속에서 매 순간 주님이 오시기를 고대하는 소망으로 차 있기보다는 좀 더 이 땅에 있으면서 더 많은 사람에게 복음을 전해야겠다는 마음이 지배적이다. 그런 생각이 잘못되었다는 것이 아니다. 불쌍한 혼들에 대한 열정은 당연히 있어야 하는 것이다. 그러나 믿음 생활을 하면서 영적으로 성장하면 할수록 주님의 다시 오심을 고대하는 복된 소망도 점점 성장하게 된다.

주님이 다시 오셔서 우리를 데려가시는 것을 휴거, 영어로 rapture라고 한다. 이 단어는 성경에 나오지 않지만, 성경에는 주님께서 공중으로 오실 때 독수리가 먹이를 채 가듯이 우리 구원받은 성도들을 채 가신다고 표현되어 있다. 주님이 오셔서 우리를 "이 악한 현 세상에서" 공중으로 채 가시는 것이다.

「주께서 호령과 천사장의 음성과 하나님의 나팔 소리와 함께 하늘로부터 친히 내려오시리니 그러면 그리스도 안에서 죽은 자들이 먼저 일어나고 그리고 나서 살아남아 있는 우리도 공중에서 주와 만나기 위하여 그들과 함께 구름 속으로 끌려 올라가리니, 그리하여 우리가 영원히 주와 함께 있으리라. 그러므로 이러한 말로 서로 위로하라」(살전 4:16-18).

피터 럭크만 목사는 구원받은 사람이 제일 먼저 읽어야 할 책으로 데살로니가전서를 꼽았다. 이 책이 구원받은 그리스도인으로서 현재 받는 고난으로부터 벗어날 소망이 바로 주님의 오심이라고 말씀하기 때문이다.

이 실제적인 소망을 가졌던 데살로니가 교회 성도들은

우리에게 좋은 본이 된다. 「그들이 우리에 관하여 스스로 말하는 것은, 우리가 어떤 방법으로 너희에게 들어갔으며, 또 너희가 어떻게 우상으로부터 하나님께로 돌아서서 살아 계시며 참되신 하나님을 섬기는지와」(살전 1:9). 여러분이 구원받기 전에 절에 가서 돌이나 금속으로 만들어진 우상 앞에 절은 안 했을지 몰라도 마음 안에 많은 우상이 있었을 것이다. 구원을 받은 뒤에는 그런 우상들로부터 돌이켜 하나님을 섬기게 되었다. 그 뒤 10절에서는 「또 하나님께서 죽은 자들로부터 살리신 그분의 아들, 즉 다가올 진노로부터 우리를 구해 내신 예수께서 하늘로부터 오심을 기다린다는 것이니라.」라고 말씀한다. 그러한 복된 소망을 갖게 된 것이다.

어떤 이들은 만일 구원을 받은 사람이 대환란이 시작되어 적그리스도의 표를 받으면 어떻게 되느냐고 묻는다. 성경을 잘 모르는 사람들은 구원받은 우리가 대환란을 통과하면 어떻게 되는지를 궁금해하는 것이다. 구원받은 그리스도인은 다가올 진노인 대환란을 통과하지 않는다. 대환란이 오기 전에 휴거되기 때문이다. 그래서 주님께서 오셔서 우리를 악한 현 세상에서 데려가시는 것이 복된 소망인 것이다. 이 이유로 데살로니가전서 1장 10절에서 「**다가올**

진노로부터 우리를 구해 내신 예수께서」라고 말씀하시는 것이다.

데살로니가전서 2장 19절도 「우리의 소망이나, 기쁨이나, 자랑의 면류관이 무엇이냐? 그가 오실 때 우리 주 예수 그리스도 앞에 있을 너희가 아니겠느냐?」라고 말씀하신다. 데살로니가전서 3장 13절도 「우리 주 예수 그리스도께서 그의 모든 성도들과 함께 오실 때에 하나님, 곧 우리 아버지 앞에서 거룩함에 흠 없도록 너희 마음을 견고케 하시기를 바라노라.」라고 말씀하고 있다.

데살로니가전서는 주님의 오심이 우리의 복된 소망이기 때문에 이에 대해 반복적으로 말씀하며, 4장 전체에서는 휴거에 대해 자세하게 말씀한다. 「형제들아, 잠든 자들에 관해서는 너희가 모르게 되는 것을 원치 아니하노니 이는 너희가 소망이 없는 다른 사람들과 같이 슬퍼하지 않게 하려는 것이라」(살전 4:13). 성경은 그리스도 안에서 죽은 사람들에 대해 잠든 자들이라고 표현한다. 예수 그리스도를 믿은 자로서 질병이나 사고로 죽었으면 그의 몸은 지금 무덤에 있지만 곧 주님께서 오시면 부활할 것이기에 지금은 잠들어 있다고 말씀하는 것이다.

「예수께서 죽었다가 다시 살아나신 것을 우리가 믿는다

면 그와 같이 하나님께서는 예수 안에서 잠든 자들도 그와 함께 데리고 오시리라」(살전 4:14). 안식교인들이나 여호와의 증인들은 죽은 사람들이 무덤에 있다고 생각하지만, 무덤에 있는 것은 몸에 불과하다. 구원받고 죽은 사람의 혼은 몸을 떠나서 셋째 하늘에 예수님과 함께 있다. 그래서 예수님께서 오실 때 잠든 자들을 '데리고' 함께 오신다고 하신 것이다. 그때 무덤에 묻혀 흙으로 돌아갔던 몸은 혼과 하나가 되어 부활된 새로운 몸을 입는다.

「우리가 주의 말씀으로 너희에게 이것을 말하노니 주께서 오실 때까지 살아남아 있는 우리가 잠들어 있는 자들보다 결코 앞서지 못하리라」(살전 4:15). 구원받고 우리보다 먼저 죽어 몸이 무덤에 묻혀 있던 사람들이 먼저 올라가게 된다.

「주께서 호령과 천사장의 음성과 하나님의 나팔 소리와 함께 하늘로부터 친히 내려오시리니 그러면 그리스도 안에서 죽은 자들이 먼저 일어나고 그리고 나서 살아남아 있는 우리도 공중에서 주와 만나기 위하여 그들과 함께 구름 속으로 끌려 올라가리니, 그리하여 우리가 영원히 주와 함께 있으리라. 그러므로 이러한 말로 서로 위로하라」(살전 4:16-18).

잠든 자들에 대해서 우리는 소망이 없지 않다. 소망 없는 자들의 장례식, 특히 카톨릭 교회 장례식에 가면 정말 비참하기 이를 데 없다. 신자들로 이루어진 기도 부대가 와서 3박 4일 동안 돌아가면서 '구원받게 해 주세요' 하는 주문 비슷한 것을 읊는다. 그러나 구원받지 못하고 죽은 사람이라면 죽음 후에 다시 구원받을 기회는 없다. 그들을 기다리는 것은 영원한 지옥일 뿐, 더이상의 소망은 없는 것이다.

구원받은 사람에게는 복된 소망이 있다. 구원받은 사람이 죽으면 그 혼은 바로 몸을 떠나서 주님께서 계신 셋째 하늘로 간다. 그뿐 아니라 우리는 결국 다시 만나게 된다. 주님께서 오셔서 휴거가 일어날 때 우리 모두 다시 만나게 되는 것이다. 우리에겐 그런 소망이 있다.

「이는 하나님께서 우리가 진노를 받도록 정해 놓으신 것이 아니라 우리 주 예수 그리스도를 통하여 구원을 받게 하셨기 때문이라」(살전 5:9). 어떤 이들은 우리가 구원을 받았어도 앞으로 올 대환란을 통과한다고 말한다. 실제로 지금 대환란을 피할 준비를 하려고 산 속에 들어가는 사람들도 있다. 그리스도인이 지금 열심히 혼들을 수확할 생각은 안 하고 도피할 생각만 하는 것이다. 적그리스도의 체제가 수립되면 혼자 도망가서 살 수 있을 것 같지만, 그렇지 않다. 진리를 모르면 그리스도인이라고 고백하면서도 그처럼 어리석은 행동을 할 수밖에 없는 것이다.

하나님께서는 우리가 진노를 받도록 정해 놓으신 것이 아니라 우리 주 예수 그리스도를 통하여 구원을 받게 하셨기 때문에 대환란에 대한 걱정을 할 필요가 없다. 우리는 이 복된 소망을 가짐으로써 대환란을 통과하지 않고 올라간다는 것을 알기에 확신을 가지고 복음을 전파할 수 있다. 만약에 주님께서 구원받은 사람들에게 대환란을 준비하라고 하셨다면, 다시 말해 진노를 받도록 정하셨다면, 어떻게 그것이 복음(福音), 즉 좋은 소식이겠는가? 오늘날 교회 시대에 구원받는 것이 가장 좋은 소식인 것은 한 번 받은 구원은 영원하기 때문이다.

육신으로 죄를 짓지 않아야만 구원받고 휴거되는 것이라면 그처럼 불안한 삶은 없을 것이다. 제아무리 수도원에 가서 평생 도를 닦더라고 죄 짓는 것을 피할 수 없기 때문이다. 중세 암흑 시대에는 죄 문제를 해결한다고 수도원에 들어가서 육체를 괴롭게 하고 몸을 자해하면서 지낸 사람들도 있었다. 제일 오랫동안 몸을 씻지 않는 사람, 높은 나무 위에서 제일 오래 버틴 사람이 남들보다 더 거룩한 사람으로 인정받았고, 카톨릭 교회의 자의적인 영적 잣대로 선정된 사람들이 성인 반열에 올라 숭배받았다. 이 모두 진리에 대한 무지의 소치이다. 그런 자들이 성인이 아니라 예수 그리스도를 믿은 우리가 성도(saint)라는 사실을 그들은 모르는 것이다.

악한 현 세상

한 번 받은 구원은 영원하기 때문에 우리는 소망을 가지고 살 수 있다. 물론 죄 가운데서 아무렇게나 살라는 것이 아니다. 더이상 지옥에 갈 수도 있다는 두려움 가운데 살지 말라는 것이다. 이제부터는 어떻게 주님을 섬기는지가 중요하다. 그래서 그리스도인은 구원받자마자 열심히 노력하게 된다. 복음을 전하려 노력하고, 기도와 성경 공부에 정진하고, 사역에 열심히 동참하려 한다. '어떻게 하면 이 세상을 바꿔볼까' 하고 생각하게 되는 것이다. 그런데 조금 지나다 보면 그것이 불가능하다는 것을 알게 된다.

성경은 이 세상에 대해 "악한 현 세상"이라고 말씀한다. 이 세상은 점점 나아지는 것이 아니라 점점 악해지는 것인데, 인간은 그런 세상을 낙원으로 만들고자 애쓴다. 수십 년 전 많은 한국의 대학생들은 유토피아 운운하는 이상한 철학에 속아 반정부 활동을 하다가 감옥 생활을 하고 나왔는데, 그들이 이제는 대한민국을 사회주의, 공산주의로 만드는 데 열을 올리고 있다. 그들이 성경을 안다면 유토피아를 운운할 수 없다. 인간은 죄 때문에 결코 이 땅에 유토피아를 세우지 못하기 때문이다. 주님께서 오셔서 죄를 심판하시고 의로써 이 세상을 통치하실 때에야 진정한 화평이 오는 것이다. 의가 먼저고 그 다음이 화평이다. 그런데 인간들은 의 없이 화평을 이루겠다고 한다. 교황이나 거짓 목사들, 정치가들이 '화평, 평화'를 외치는 것을 듣는다면 바로 그들이 적그리스도의 왕국을 예비하는 악한 세력이요, 그 체제에 동조하는 자들이라는 것을 알아야 한다.

다니엘서에 등장하는 적그리스도가 가지고 나오는 무기가 바로 평화이다(단 8:24,25). 요한계시록에도 흰 말을 탄 적그리스도가 묘사되어 있는데, 활은 있지만 화살이 없는 이유는 그가 평화로 오기 때문이다(계 6:2). 성경을 통해 우리는 누가 적그리스도의 왕국을 세우려는 자들인가를 알며, 세상은 점점 악해진다는 것을 안다. 그래서 우리는 세상에 소망을 두는 대신 불쌍한 혼들을 주님께 이겨 오기 위해 열심을 내고, 시간과 돈과 노력을 모두 그러한 사역을 위해 쏟는 것이다. 인간은 그리스도 없이 결코 유토피아를 세울 수 없는데도 이를 세우겠다고 애쓰는 것은 밑 빠진 독에 물 붓는 것과 같다.

갓 구원받은 그리스도인들이 열심을 내어 주님을 섬기려 할 때 점점 더 깨닫게 되는 것은 이 세상 사람들이 진리를 받아들이기는커녕 오히려 대적하고 비방하고 그리스도인들을 박해한다는 것이다. 이에 대해 어떻게 반응하는지에 따라 어리석은 그리스도인이 될 수도 있고 현명한 그리스도인이 될 수도 있다. 실망하고 실족하여 하나님 섬기기를 그만둔다면 어리석은 그리스도인이 되는 것이다. 현명한 그리스도인이 되려면 우리의 사역은 세상을 바꾸는 것이 아님을 깨닫고 이 세상의 악한 자들과 구별되는 성도의 삶을 사는 데 전심전력해야 한다. 세상 사람들의 절대 다수가 하나님의 말씀을 대적하고 하나님을 모독하며 그리스도인들을 조롱하는 것이 현실임을 직시하고, 꾸준히 영적 성숙의 길을 걸어야 한다. 진리의 지식으로 양육받아 하나님의 사랑으로 불쌍한 혼들을 이겨오며, 주님을 영광스럽게 하는 사역에 동참하여 그리스도의 심판석을 준비해야 한다.

세상이 좋게 변화되는 것을 원치 않을 사람이 어디 있겠는가. 그러나 인간은 세상을 변화시킬 수 없다. 많은 사람들, 특히 환경보호주의자들은 인간이 지구 환경을 개선

할 수 있다고 생각한다. 우습게도 그들은 소나 양, 염소 등 반추 동물이 대기 중으로 내뿜는 메탄 가스, 즉 방귀가 이 세상을 오염시킨다고 주장한다. 그 동물들을 지구 온도 상승의 주범 중 하나로 지목하고 있는 것이다. 그런 이론으로 그들은 기후를 제어할 수 있다고 생각한다. 성경은 모든 사람은 살아있는 동안 미친 마음을 품고 있다고 말씀한다. 「**해 아래서 행해지는 모든 것들 가운데 이것이 한 가지 악이니, 곧 모든 사람에게 한 가지 일이 있다는 것이며, 또 정녕, 사람들의 아들들의 마음이 악으로 가득 찼으며 그들이 살아 있는 동안에 미친 마음을 품다가 후에는 죽은 자에게로 간다는 것이라**」(전 9:3).

하나님이 없다고 말하는 과학자들, 인간이 지구의 기후를 제어할 수 있다고 하는 환경보호주의자들, 거짓을 약속하며 세상을 더 좋게 변화시키겠다고 하는 정치가들 모두 그런 마음을 품은 사람들이다. 하나님의 말씀을 모르면 사람들은 결국 미친 마음을 갖고 살게 된다. 위와 같은 하나님의 말씀을 그들은 싫어한다. 그럼에도 불구하고 그런 자들을 향해 우리가 진리를 전하는 이유는 그들이 현실을 직시하고 죄인인 것을 깨달아 주님께 돌아오게 하기 위한 것이다. 물거품처럼 헛된 노력을 경주하며 예수 그리스도 없이 지옥으로 향하는 그들의 발걸음을 돌이키려는 것이다.

우리가 거리에서 복음을 전할 때 지옥을 경고하면 그들은 자신들에게 '지옥에 가라'고 했다면서 우리를 비난한다. 죄를 지적받는 것이 싫기 때문이다. 성경은 「**그리스도 예수 안에서 경건하게 살고자 하는 모든 사람은 박해를 받을 것**」이라고 말씀하신다(딤후 3:12). 초대 교회 시대 이래로 오늘날까지 얼마나 많은 경건한 사람들이 자신의 믿음을 지키다가 잔인하게 박해받고 순교당했던가. 성경적으로 믿는 사람들은 박해를 받을 수밖에 없다.

다가올 박해

2025년 현재 우리는 하나님의 은혜로 거리에서 마음껏 설교하고 마음껏 강단에서 가르치지만, 오늘날 이렇게 할 수 없는 나라들도 수없이 많다. 오직 예수님만 믿어야 구원받는다, 이슬람교를 믿으면 지옥에 간다, 다른 종교에는 구원이 없다고 하면 '증오 범죄'가 적용된다. 오늘날 사탄의 종들이 종교계를 장악하고 있다. 로마 카톨릭 교황은 소위 '크리슬렘'이라는 것을 시작하고 있는데, 이는 기독교와 이슬람을 하나로 합치는 것뿐만 아니라 모든 종교를 합치자는 것이다. 성경적으로 믿는 사람들은 이미 이삼십 년 전부터, 아니 백 년, 이백 년 전부터 이미 성경을 통해 일어날 줄 알았던 일이다. 그 일이 우리가 살고 있는 오늘날 실현되고 있는 것뿐이다.

 세상 사람들은 보이지 않는 혼의 구원에 대해서는 아무런 관심이 없고, 사람들을 현혹시켜 지옥으로 보내는 불교, 유대교, 기타 모든 세상 종교들은 하나가 되자고 한다. 그렇게 말하는 것을 또 세상 사람들은 좋게 생각한다. 진리를 모르고 구원에 대해서 모르는 인본주의자들은 예수님께만 영생이 있다고 전하는 성경적으로 믿는 사람들을 편협하고 교만하다고 비난한다. 영원 세계를 바라보는 우리와 무지한 그들을 어떻게 비교할 수 있겠는가. 인본주의자들은 카톨릭 교황처럼 모두 사랑으로 하나되자고 하는 그런 사람들에게 찬사를 보낸다. 평화를 무기로 하는 그가 빛의 천사로 가장한 사탄인 것을 모르는 것이다(고후 11:14). 이 모든 것을 성경적으로 아는 우리들은 믿음 생활을 하면 할수록 주님이 빨리 오시기만을 고대하는 것이다.

 예전에 내가 피터 럭크만 목사님을 만났을 때, 교제를 마치면서 마지막으로 우리 한국 성도들에게 믿음의 선배로서 한 가지 위로와 당부의 말씀을 주신다면 어떤 말씀을 해 주시겠는지 여쭤본 적이 있었다. 그때 럭크만 목사님은 주님께서 다시 오실 때가 가까워진 것에 대해서 말씀하셨다. 복된 소망에 대해서 늘 설교하셨던 목사님은 주님께서 오시는 것이 조금 늦어지면 앞으로 그리스도인이 큰 박해를 겪게 될 것이라고 가르치셨다.

믿음 생활을 오래 할수록 세상에는 악한 사람들이 점점 더 늘어나고 구원받는 사람들은 점점 줄어든다는 엄중한 현실을 직시하게 된다. 주님이 오셔서 이 세상을 심판하시는 것이 늦어질수록 지옥으로 가는 사람들이 더 늘어난다는 것을 알면 주님의 오심을 더욱 소망하게 되는 것이다. 주님께서 오시기까지 앞으로 100년이 더 남아 있다고 가정해 보자. 그렇다면 현 세상의 상황으로 볼 때 지옥에 가는 사람이 더 많아진다는 것은 자명한 일이다. 따라서 주님께서 지금 오시는 것이 지옥에 가는 사람을 더 줄일 수 있음을 알 수 있다. 사람들은 갈수록 더 악해지고 복음을 거절하기에 구원받는 사람들은 상대적으로 더 적어진다.

또 세상에서 세력을 점점 더 확대해 가는 모슬렘의 경우를 생각해 보자. 모슬렘 남자 한 명이 아내를 4명 얻고 한 아내에게서 10명의 아이들을 낳는다고 가정해 보면, 한 모슬렘 가정에서 40명의 모슬렘이 생겨나는 것이다. 그들이 전 세계로 퍼져나가고 있는 것을 고려한다면 그 수는 기하

급수적으로 늘어나게 되는 것이다. 그렇게 100년이 지난다면 지옥의 자녀들은 더 늘어나게 된다는 결론이 나온다. 이뿐만 아니라 그들은 모슬렘이 되지 않는 사람들은 모두 죽여야 한다고 믿는다. 그런 사람들이 정치를 한다면 얼마나 공포스러운 세상이 되겠는가.

로마 카톨릭은 그동안 카톨릭이 전 세계를 장악해가고 있다가 모슬렘이 점점 더 세력을 넓혀가기 시작하니까 그들과 화합하여 함께 가려고 크리슬렘이라는 것을 만드는 것이다. 그들은 하나님과는 전혀 무관한 자들이다. 휴거가 우리들의 복된 소망인 이유는 이런 악한 자들 때문이다.

팔레스타인에 이스라엘이 들어가기 전까지 테러리스트들이 그곳에 살고 있는 선량한 백성들을 죽이고 약탈해 왔었다. 그러던 중에 이스라엘이 들어가고 나서 그곳 주민들이 너무나 좋아했던 사실은 생각지 않고 세상은 이스라엘이 팔레스타인을 박해한다고 비난한다. 팔레스타인이 평화롭게 살고 있다면 왜 이스라엘이 팔레스타인을 공격하겠는가? 팔레스타인 테러리스트들이 이스라엘을 공격하면 이스라엘이 반격을 하는 것이다.

이 세상은 선을 추구하는 것이 아니라 악을 추구한다. 그래서 우리는 휴거를 복된 소망이라 한다. 그리스도인은 세상이 악해지는 것을 볼수록 오히려 믿음이 점점 더 성장하게 된다. 주님께서 심판으로 세상을 바꾸시는 시점은 로마서 11장에서 말씀하신 "이방인들의 충만함"이다. 「**형제들아, 너희가 스스로 지혜 있는 체하지 않게 하기 위하여 이 신비를 너희가 모르기를 내가 원치 아니하노니 이는 이방인들의 충만함이 차기까지는 이스라엘의 일부가 완고하게 된 것이라**」(롬 11:25).

이스라엘 민족이 출애굽하여 약속의 땅으로 들어갈 때, 주님께서는 그곳에 살고 있던 아모리인들의 죄악이 충만하므로 그들을 치라고 이스라엘에게 명령하셨다. 그럼으로써 주님의 전쟁이 정당화가 되는 것이다. 무조건 쳐들어가 남의 땅을 빼앗는 것이 아니라, 그들이 저지른 죄악이 극에 달했을 때 공의로우신 하나님께서 심판을 내리셔야 하는 상황이 되는 것이다. 노아의 때, 롯의 때 있었던 하나님의 심판도 마찬가지였다.

오늘날 이 세상도 마지막으로 치닫고 있다. 동성 결혼과 마약의 합법화 등 온갖 죄악이 만연한 지금 하나님께서는 심판을 내릴 준비를 하고 계신다. 성경적으로 믿는 사람들은 세상이 급속도로 악해지고 있고 이방인들의 충만함이 거의 다 채워져 가고 있다는 것을 안다.

휴거를 기다리는 이유

우리가 휴거를 기다리는 이유는 무엇인가.

첫째로, 휴거는 모든 문제를 해결해 주기 때문이다.

이 세상에 사는 사람들 중 문제가 없고 고생하지 않는 사람은 아무도 없다. **「불티가 위로 날아가는 것과 같이 사람은 고생하려고 태어나느니라」**(욥 5:7). 집에서는 부부간의 갈등이나 자녀 문제, 돈이나 건강 문제로 고생하는가 하면, 밖에서는 직장에서의 문제, 사업 문제가 우리를 괴롭게 한다. 그러나 우리가 휴거되는 순간 모든 문제는 다 해결된다. 그 어떤 갈등도, 슬픔도, 눈물도, 병도, 사망도 다 사라지기 때문이다. 휴거되는 순간 우리는 모두 부활하신 예수님과 같이 된다.

「그러나 누구든지 그를 영접한 사람들에게는 하나님의 아들들이 되는 권세를 주셨으니, 즉 그의 이름을 믿는 사람들에게니라」(요 1:12). **「우리가 흙으로 만들어진 자의 형상을 입은 것같이 하늘에 속한 분의 형상도 입으리라」**(고전 15:49). 천사와 같은 존재가 되는 것이다. **「보라, 내가 너희에게 한 가지 신비를 말하노니 우리가 다 잠잘 것이 아니요 오히려 우리가 모두 변화될 것이니」**(고전 15:51). 모든 죄의 성품이 없어지고 영광된 몸을 입게 되는 것이다.

두 번째로 우리가 휴거를 기다리는 이유는 죄의 문제가 해결되기 때문이다.

구원을 받았다 하더라도 육신을 입고 있는 동안에는 옛 성품이 남아 있기 때문에 계속해서 육신과 싸우는 영적 전쟁을 해야 한다. 끊임없이 죄 문제와 싸우지 않으면 계속 죄를 짓게 되고 하나님께 영광을 돌리지 못한다. 그러나 영광된 몸을 입는 순간부터 우리의 모든 생각과 행동은 완전히 하나님 뜻과 일치하게 된다. 더이상의 영적 전쟁은 필요 없고 죄의 권세에서 영원히 해방되는 것이다.

끝으로, 우리가 할 일은 무엇인가?

골로새서 3장은 다음과 같이 말씀한다. 「그러므로 너희가 그리스도와 함께 살아났으면 위에 있는 것들을 구하라. 거기에는 그리스도께서 하나님의 오른편에 앉아 계시느니라. 위에 있는 것들에 너희 마음을 두고 땅에 있는 것들에 마음을 두지 말라. 이는 너희가 죽었고 또 너희의 생명이 그리스도와 함께 하나님 안에 감추어졌기 때문이라. 우리의 생명이신 그리스도께서 나타나실 때 그때 너희도 그와 함께 영광 가운데 나타날 것이라」(골 3:1-4).

우리에게는 이러한 미래가 마련되어 있다. 골로새서 3장과 베드로전서 4장을 읽으면 어떻게 그리스도의 심판석을 준비할 수 있는지 알 수 있다. 그리스도의 심판석에서 주님께서는 우리가 행한 선과 악을 심판하신다고 하셨다. 「**이는 우리 모두가 반드시 그리스도의 심판석 앞에 나아가서 선이든지 악이든지 각자 자기가 행한 것에 따라, 자기 몸으로 행한 것들을 받을 것이기 때문이라**」(고후 5:10). 구원받고 난 뒤 어떻게 주님을 섬겼는지를 선과 악으로 심판하신다.

심판이라고 해서 지옥에 갈지 가지 않을지를 정하는 것이 아니다. 그리스도의 심판석은 지옥의 심판을 면한 구원받은 자들만이 참석할 수 있는 곳이기 때문이다. 이 세상에서 무서운 대환란이 펼쳐지는 동안, 죽어서 하늘나라에 간 믿음의 선진들과 살아서 휴거된 그리스도인들은 셋째 하늘에서 그리스도의 심판석에 서게 된다. 말씀대로 주님을 섬긴 자들에게는 상이 마련되어 있다. 그래서 땅에 있는 것보다 위의 것을 더 소중하게 여기라고 성경은 말씀하는 것이다. 이 세상에서의 삶은 그리스도의 심판석과 영원 세계를 위한 투자이다. 「**그러므로 너희는 하나님의 택함을 받은 거룩하고 사랑받는 자로서 자비로운 마음과 친절과 마음의 겸손과 온유와 오래 참음으로 옷입으라**」(골 3:12). 골로새서 3:12-4:6을 꼭 읽어보기 바란다.

그리스도께서 오신다는 복된 소망을 가지고 살면서, 인

생은 단 한 번뿐인 것을 기억해야 한다. 이 세상에서 얼마나 오래 사는지가 문제가 아니라, 한 번의 인생을 어떻게 사는지가 중요한 것이다. 한 번뿐인 인생을 주님을 위해서 무엇을 했는지, 어떻게 주님을 맞이할 것인지를 생각하며 살아야 한다. 시간을 낭비하면서 산다면 얼마나 큰 손해를 보는 것인가. 안개와 같은 짧은 인생을 영원과 바꿀 것인가. 나중에 그리스도의 심판석에서 주님께 무엇이라고 변명할 수 있겠는가. 우리는 주님 앞에서 우리의 일생을 회계해야 한다는 것을 늘 기억해야 한다.

지금까지 왜 휴거가 우리의 복된 소망인지에 대해 설명했다. 반복하지만, 이 세상은 점점 더 악해지고 있고 곧 그리스도인들에 대한 박해가 시작될 것이다. 이 말은 아무리 강조해도 부족하다. 그렇다고 복음을 전하지 말고 열심히 살지 말라는 것이 아니다. 열심을 다하여 진리에 순종하며 사랑을 가지고 주님을 전파해야 한다. 그러나 우리가 궁극적으로 소망하는 것은 우리의 휴거이다. 살아서 주 예수 그리스도를 만나는 것이다. 그날이 오기까지 시간을 낭비하지 말고 하늘에서 받을 상을 쌓아야 한다. 그리스도의 심판석에서 부끄럽지 않게 주님을 맞이할 수 있도록 말이다.

우리가 구령한 사람들은 주님께서 오셨을 때 우리의 소

망과 기쁨과 자랑의 면류관이 된다. 또 주님의 오심을 간절히 기다리면 주님께서는 그리스도의 심판석에서 의의 면류관을 주신다고 약속하셨다. 성경적으로 믿는 교회의 성도들이라면 적어도 주님의 재림을 소망하는 이들이 받는 의의 면류관은 놓치지 않고 받아야 한다. 생명의 말씀을 제시하며 그리스도의 날에 "저는 생명의 말씀을 감추지 않고 전파했습니다. 진리의 말씀을 다른 사람들에게 전해주었습니다"라고 할 수 있어야 한다.

이제 우리의 소망이신 주 예수 그리스도께서 곧 오신다. 우리는 그분 안에서 거하고 자신을 정결케 하며 인내하고 마음을 견고케 하며 주님을 기다려야 한다. 주님께서는 우리가 겸손할 때 우리를 높여주신다(약 4:10). 우리는 고난당할 때 주님을 기억해야 한다. 이런 모든 말씀들이 우리에게 힘을 주실진대, 악의 무리에게 지지 말고 마귀를 대적해야 한다. 하나뿐인 여러분의 삶을 결코 낭비하지 않기를 간절히 소망한다.

구원받은 후 성도의
가장 중요한 본질 – 의지

「주께서 모세에게 일러 말씀하시기를 "이스라엘 자손의 모든 회중에게 고하여 그들에게 말하라. '너희는 거룩할지니라. 이는 나, 주 너희 하나님이 거룩함이라. 너희 각 사람은 자기 어머니와 자기 아버지를 두려워하고, 나의 안식일들을 지키라. 나는 주 너희 하나님이라. 너희는 우상에게로 돌이키지 말고 신상들도 부어 만들지 말라. 나는 주 너희 하나님이라. 너희가 주께 화목제의 희생제물을 드리려거든 너희는 너희 자신의 의지로 그것을 드릴지니라」(레 19:1-5).

지금까지는 구원받은 후 가장 먼저 선결되어야 할 일들에 대해 설명했다. 이제는 구원받은 후 성도가 기억해야 할 가장 중요한 한 가지 본질에 대해 말하려고 한다.

본질이란 무엇인가? 간단하게 설명하자면 어떤 사물 자체의 근본적인 성질이나 모습을 말한다. 여기서는 인간의 근본적인 성질이나 본질에 대해 설명하고자 한다. 우선 본문의 5절에서 보면 「**너희 자신의 의지로 그것을 드릴지니라.**」라고 말씀하신다. 믿음 생활에서 가장 중요한 요소인 자신의 의지에 대해 본문 구절을 통하여 전하고자 한다.

자신의 의지로 드리는 섬김

본문에서 말씀하는 '자신의 의지'라는 것은 남에게 통제당하거나 강요받으면서 주님을 섬기는 것이 아니라 자원해서 주님께 기꺼이 드리는 것을 말한다. 다시 말해, 우리는 주님을 섬길 때 누가 시켜서가 아니라 자신의 의지로 섬기는 것이다.

오늘날 수많은 교회에서 자신의 의지로 섬기는 교리를 잘못 가르침으로써 인간의 의지가 무엇이며 어떻게 이를 행사하는지가 왜곡되고 있다. 특히 칼빈주의를 가르치는 곳에서는 자신의 자유 의지를 써서 하나님을 섬기는 것을 부정적으로 생각하도록 만든다.

우리는 어떤 사람의 말이나 행동으로 그 사람을 판단하는데, 이와 연관해 사람에게 가장 중요한 세 가지 본질은 지, 정, 의, 영어로는 mind, heart, will이다. 머리로 생각하고 마음에서 느끼며, 생각하고 느낀 그것을 의지로 결정한다. 의지를 제대로 사용하지 못하면 무능한 인간으로 살 수밖에 없다.

이 세상에서 많은 것을 이루고 성공을 거둔 사람들은 구원과는 무관하게 의지력이 강한 사람들이다. 의지력이 약한 사람들이 성공한 경우는 거의 없다. 이는 한국이나 전 세계에서 어려웠던 시절에 무에서 유를 일궈내어 자수성가한 사람들의 일대기나 자서전 등을 정독하지 않더라도 잘 알 수 있는 일이다.

사업, 정치, 예술 등 사회 모든 분야에서 이름을 떨친 사람들도 마찬가지이다. 강한 의지력이 그 사람을 만든 것이다. 요즘 말로 소위 금수저를 물고 태어난 재벌 2세들에게는 1세에게서 볼 수 있는 의지력이 없다. 대부분 자신의 부모님들의 능력을 뛰어넘지 못하는 경우가 많다. 너무 풍요로운 환경이 나태해지고 게을러지게 만들어 강한 의지력을 키우지 못하게 한 원인이 되는 것이다. 의지란 인간에게 이렇게 중요한데도 불구하고 오늘날 수많은 교회에서 잘못된 교리로 인해 구원받고 난 뒤 의지를 모두 버리라고 가르친다.

구약의 율법하에서도 하나님께서는 자유 의지로 주님께 드리라고 하셨다. 우리에게는 스스로 생각하고 느끼고 결정할 수 있는 자유 의지가 있다. 주님께서는 인간이 자유 의지로 하나님의 말씀에 순종하는 것과 사탄을 따르는 것 사이에서 선택하도록 하셨다. 우리의 조상 아담과 이브는 하나님의 말씀을 따르지 않고 죄를 지음으로써 인류에게 무서운 저주를 가져왔다. 의지를 써서 잘못된 선택을 함으로써 죄와 사망이라는 결과를 초래하게 된 것이다. 결국 중요한 것은 의지이다. 생각이나 마음 속에 그 무엇을 품었든, 결국 마지막에 선택을 내리게 하는 것은 의지이다. 주변의 환경, 육신의 모든 감각, 마음, 생각을 종합해서 마지막 결정은 의지가 내리는 것이다.

한편 사탄은 그리스도인들에게서 의지를 없애 버리고자 집요하게 공격한다. 그 대표적 예로 칼빈주의라는 거짓 교리가 있다. 칼빈주의의 소위 '전적 타락'은 인간의 의지까지 타락했기 때문에 어떤 선한 것도 스스로 선택할 수 없다고 한다. 그러나 칼빈주의의 전적 타락 교리가 옳다면 왜 주님께서는 자신의 의지로 주님을 섬기라고 하셨는가. 성경은 곳곳에서 기꺼이 자원하는 마음으로 주님을 섬기라고 말씀하신다.

「이스라엘 자손에게 말하여 그들로 내게 예물을 가져오게 하고, 자기 마음으로 기꺼이 드리는 모든 자에게서 너희는 나의 예물을 받을지니라」(출 25:2).

「그때에 백성이 즐거워하였으니 이는 그들이 기꺼이 드렸으며, 그들이 온전한 마음으로 주께 기꺼이 드렸음이더라. 다윗왕도 큰 기쁨으로 즐거워하더라」(대상 29:9).

「여호아스가 제사장들에게 말하기를 "주의 전으로 가져온 헌물 중에서 모든 돈, 즉 계수를 통과하는 모든 자의 돈과 각자에게 정해진 돈과 자원하여 주의 전에 가져오는 모든 돈을」(왕하 12:4).

「그들 주위에 있는 모든 자들이 자원하여 바친 것들 외에도 은그릇들과 금과 물건들과 짐승들과 보물들로 그들의 손을 강하게 하여 주더라」(스 1:6).

「족장들 가운데 예루살렘에 있는 주의 전에 와서 하나님의 전을 그 있던 자리에 세우려고 자원하여 예물을 드린 사람들도 있더라」(스 2:68).

「왕과 왕의 의논자들이 예루살렘에 거하시는 이스라

엘의 하나님께 자원하여 드리는 은과 금을 가져가고」(스 7:15).

「내가 자원하여 주께 희생제를 드리리이다. 오 주여, 내가 주의 이름을 찬양하리니, 이는 주의 이름이 선하심이니이다」(시 54:6).

「통치자가 주께 자원하는 번제물이나 화목제물들을 자원하여 준비할 때면 동쪽을 바라보는 대문을 그에게 열어 줄 것이라. 그러면 통치자는 안식일에 했던 것처럼 자기의 번제물과 화목제물들을 준비한 후 나갈 것이요, 그가 나간 후에 대문을 닫을지니라」(겔 46:12).

「내가 증거하노니 그들은 자기들의 능력에 따라 하였고 또 능력 이상으로 자원하여 하였으며」(고후 8:3).

「실로 그가 권고를 받아들였고 더욱 열성을 내어 자원하여 너희에게로 나아갔느니라」(고후 8:17).

「너희 가운데 있는 하나님의 양무리를 치고 돌보되 마지못하여 하지 말고 자원함으로 하며 더러운 이익을 위하여 하지 말고 준비된 마음으로 하며」(벧전 5:2).

우리의 의지가 타락해서 선한 것을 선택할 수 없다면 주님께서는 지킬 수도 없는 명령을 우리에게 내리셨다는 말이 된다. 마귀가 주입한 잘못된 신학, 교리들을 배운 거짓 목사들로 인해 성경적으로 주님을 섬길 수 없게 되는 것이다. 구원받은 사람에게 가장 중요한 것은 하나님의 뜻대로 사는 삶이며, 하나님의 뜻대로 사는 삶 중에서 가장 중요한 본질은 의지이다. 자신의 의지로 바른 것, 성경적인 것을 선택하고 이를 실행하려는 결정을 내려야 한다. 이 모든 것이 의지에서 비롯된다.

사탄은 이처럼 중요한 의지에 대해 연막을 침으로써 그리스도인들이 문어 다리처럼 힘없이 흐느적거리며 살도록 만들어 버렸다. 스스로의 의지를 발휘함이 없다면 인간은 하나님께서 이리 가라 하면 무조건 이리 가고 저리 가라 하면 저리 가는, 로봇 같은 존재가 되는 것이다.

또한 사탄은 은사주의를 만들어 교인들을 신앙으로 위장한 샤머니즘, 신비주의에 빠지게 만들었고, 워치만 니 같은 사람을 써서 우리는 가만히 있어도 하나님께서 무조건 다 해 주신다는 그럴듯한 말로 사람들의 의지를 박탈하고 무기력하게 만들었다. 이는 모두 믿는 자들이 적극적, 능동적으로 하나님의 일을 하지 못하도록 막는 마귀의 계략이다. 그러한 비성경적인 교리들은 하나님의 말씀으로 전신 갑옷을 입어야 하는 그리스도의 군사들을(엡 6:11-18) 무장 해제시키는 것이다.

영적인 의지

의지가 없는 사람은 모든 일에 실패한다. 혹시 자기 자신이 그런 사람은 아닌지 점검해 보아야 한다. 의지가 부족하다면 성경적으로 그것을 고쳐나가야 한다. 꿈은 크고, 하고자 하는 생각은 있지만 의지력이 없어서 도중하차하는 사람도 있다. 목표를 세우고 그것을 이루고 성공한 사람들을 보면 그 의지력이 대단하다고 말한다. 우리는 지금 두 가지 의지에 대해 말하는 것이다. 구원받지 못한 사람은 육신적인 의지를 가지고 산다. 육신이 원하는 것을 그대로 하는 것이다. 우리는 그것을 추구하는 것이 아니다. 구원받은 사람은 이제 영적인 의지를 가져야 한다. 즉 하나님의 뜻을 성취하려는 의지가 있어야 하는 것이다. 그것이 그리스도인의 기본이다. 구원을 받자마자 제일 먼저 이 세상에서 남은 인생을 주님의 뜻대로 살겠다고 결심하는, 그런 의지를 말하는 것이다. 세상에서의 출세와 성공, 부와 명예와 쾌락을 좇아가는 의지가 아니라 성경적인 의지, 그리스도인으로서 가져야 하는 의지를 말하는 것이다. 우리가 이 세상을 살아가는 데 절대적으로 필요한 것이 의지임을 반드시 알아야 한다.

그렇다면 그런 의지로서 우리가 원해야 하는 것은 무엇

인가. 우리는 성경 인물들이 가졌던 소원함을 통해 배울 수 있다.

먼저 다윗의 찬양 시를 살펴보자.「**내가 주께 바라던 한 가지 일 그것을 내가 구하리니, 곧 내 생애의 모든 날 동안 주의 집에 거하며 주의 아름다움을 바라보는 것과 그의 성전에서 아뢰는 것이라**」(시 27:4). 여러분이 간절히 원하는 것은 무엇인가. 자신의 생애를 다 바쳐서 가지고 싶은 그 한 가지는 무엇인가, 다윗에게는 그런 간절한 원함이 있었다. 그가 원한 한 가지는 평생 주님과 함께하고 싶다는 것이었다.

그 외에도 성경에는 여러 가지 원함이 나온다.「**의로운 자의 소망은 선한 것뿐이나 악인의 기대는 진노니라**」(잠 11:23). 여러분은 선한 것만을 원해야 한다. 그것이야말로 가장 중요한 기초이다. 우선 원함이 있어야 의지를 가지고 그것을 성취하게 된다. 문제는 우리가 원하는 것이 과연 성경적인 것인가이다.

성경적 열망

또한 원함이 없다면 그 사람은 식물인간과 다를 바가 없어진다. 원함 자체를 없애라고 가르치는 것은 식물인간처럼 되라고 하는 것이다. 워치만 니는 자아를 '파쇄'함으로써 영을 '해방'시키라, 혼의 잠재력을 제거하라는 애매한 표현을 쓰지만, 이는 결국 의지를 발휘하지 못하게 만드는 거짓 교리에 불과하다. 성경이 가르치는 바대로 우리는 분명하게 선한 것을 소망하고 원해야 한다.

한편 잠언 18장에는 그와 정반대의 욕망이 나온다. 「**욕망으로 말미암아 스스로 분리된 사람은 모든 지혜를 찾아 혼잡케 하느니라**」(잠 18:1). 그런 자들의 마음은 진리와는 전혀 상관이 없는, 비성경적이고 육신적인 욕망으로 가득 차 있다. 어떻게 하면 이 세상에서 잘 먹고 잘 살지에만 관심이 있다. 바른 성경, 바른 교리를 손에 들려 주어도 그들에게는 한낱 돼지 목에 진주일 뿐이다. 사탄이 그리스도인들을 무력하게 만들어 하나님의 사역에 열중하지 못하게 하는 방법은 간단하다. 세상적인 욕망을 불어넣어 주면 되는 것이다. 구원받은 여러분은 그 혼이 구원을 받았기 때문에 언제 죽더라도 지옥에는 가지 않는다. 그러나 몸은 아직 구속을 못 받았기 때문에 노화와 질병, 죽음에서 제외될 수 없다. 성경적으로 믿는 사람들은 썩어질 육신에 속한 열망이 아니라 성경적인 열망을 가져야 한다.

「**허물과 죄들 가운데서 죽었던 너희를 그가 살리셨으니,**

전에는 너희가 그것들 가운데서 이 세상의 풍조를 따르고 공중 권세의 통치자, 곧 지금 불순종의 자녀들 안에서 역사하는 영을 따라 행하였으니 그들 가운데서 우리 모두가 이전에는 우리 육신의 정욕들 가운데서 행하였으며 육신과 마음의 욕망들을 이루어 다른 자들과 마찬가지로 본래 진노의 자녀였느니라」(엡 2:1-3).

구원받기 전 우리 모두는 육신의 정욕을 따라 사는 사람들이었다. 하지만 주님께서는 이제는 그것을 버리라고 말씀하시는 것이다. 육신의 정욕, 육신의 욕망을 피하고 주님을 섬기며 주님의 뜻대로 살고자 하는 열망을 가져야 한다. 선을 행하고자 하는 열망마저 버리라는 가르침은 전적으로 비성경적이다. 그것은 성도를 속여 열매 맺지 못하게 만들고자 하는 마귀가 원하는 것이다. 우리의 본이 되는 사도 바울은 선한 열망으로 가득 차 있었다.

「형제들아, 내 마음의 소원과 이스라엘을 위해 하나님께 드리는 기도는 그들이 구원받게 되는 것이라」(롬 10:1). 사도 바울에게는 자기 민족에 대한 소원이 있었다. 이방인의 사도라고 불렸던 바울은 사역 초기에 이방인이 아니라 이스라엘에게 복음을 전하기 위해 노력했다. 어디를 가든지 제일 먼저 유대인들이 모인 회당에 가서 자기 민족을 구하기 위한 사역을 했다. 유대인들에게 돌로 맞고 매를 맞더라도 예수 그리스도의 복음을 전하기를 멈추지 않다가 죽음 직전까지 가기도 했지만, 그들이 복음을 거부하자 결국 이방인들에게로 발길을 돌렸다(행 18:4-6).

여러분에게도 바울처럼 성경적인 소원이 있어야 한다. 우리 교회는 비록 미국에 있지만 세계 곳곳에 흩어져 있는 대한민국 국민들, 북한 동포들, 조선족, 고려인까지 포함하여 한국어를 사용하는 우리 민족의 구원을 위한 소원이 있다. 한국 사람의 약 90%가 칼빈주의에 의한 예정론에 물들어 있는 실정이다. 대다수 한국인들은 존 파이퍼, 맥카더, 폴 워셔 등 유명하다는 칼빈주의자 목사들을 추종하기에 자유 의지를 행사하여 구원받는 것도, 성경적인 열망을 가져야 한다는 것도 알지 못한다.

그중에 존 파이퍼는 극단적 칼빈주의 중에서도 더 극단적인 칼빈주의를 신봉한다. 그에 따르면 구원받으려면 먼저 성령이 그 사람 안에 들어가야 그제서야 겨우 깨닫고 예수님을 영접한다. 그 말이 맞다면 왜 복음을 전하는가. 어차피 하나님께서 예정하신 사람들에게만 성령을 불어넣어 구원받게 하실 텐데 우리가 복음을 왜 전한단 말인가. 그런데도 칼빈주의를 주장하는 목사들은 그런 상식에조차 맞지 않는 가르침으로 수많은 사람들을 지옥의 자식으로 만들고 자신들도 지옥으로 떨어지고 마는 것이다.

자유 의지의 사용

이는 성경의 말씀과는 정반대이다. 신약의 구원 교리를 정립하는 로마서부터 빌레몬서까지의 바울 서신에 의하면, 사람이 구원받을 수 있는 길은 자신의 의지로써 구원의 복음의 말씀을 믿는 것이다. 「**네가 네 입으로 주 예수를 시인하고 또 하나님께서 그를 죽은 자들로부터 살리신 것을 네 마음에 믿으면 구원을 받으리라. 이는 사람이 마음으로 믿어 의에 이르고 입으로 고백하여 구원에 이르기 때문이라**」(롬 10:9,10).

가장 중요한 것이 우리의 자유 의지인데, 우리는 의지를 사용하여 구원도 받을 수 있으며 하나님의 뜻대로 살 수도 있는 것이다. 의지로써 하나님을 선택하는 것이고, 하나님의 뜻을 따르고 마귀를 대적하여 유혹에 넘어가지 않을 수 있다. 이 모든 것의 기초는 의지, 그것도 강한 의지이다.

하나님이 쓰신 위대한 설교자 중 하나였던 요한 웨슬리는 자신의 아내에게까지 박해를 받았지만 이에 굴하지 않고 사역을 계속했다. 강당을 가득 메운 회중 앞에서 설교

중에 벌떡 일어나 요한 웨슬리에게 다가가서 '마귀의 자식'이라고 비방한 적도 있는 그녀는 온갖 비방과 모함으로 그의 사역을 방해했다. 그러던 중 요한 웨슬리는 어느 날 아무런 박해도, 방해도 없이 조용한 하루를 보내게 되었다. 그는 '오늘은 하루 종일 박해가 없었구나. 오늘 내가 하나님 뜻대로 살지 못했나 보다.' 하며 오히려 반성하고 있었다. 그때 갑자기 돌이 날아와 그의 앞에 떨어졌다. 이에 요한 웨슬리는 너무나 기뻐하며 하나님께 감사를 드렸다는 유명한 일화가 있다.

대단한 의지력을 가졌던 웨슬리는 하나님께서 귀히 쓰신 사역자로서 오늘날 우리에게 좋은 귀감이 된다. 그는 사역 초기에 행위에 의한 구원을 가르쳤었지만 후에 자신도 구원을 받았으며 오직 믿음만으로 구원을 받는다고 가르치게 되었다. 그는 칼빈주의 교리는 지옥 불에서 나온 마귀의 교리이며 칼빈주의 교리로는 구원을 받을 수 없다고 강하게 설교했다.

우리가 구원을 받아 성령의 인치심으로 영원한 생명을 보장받은 것은 모두 우리의 자유 의지로 예수님을 믿었기 때문이다. 또한 구원받은 사람들도 죄를 지을 수 있기 때문에(요일 1:8-10) 의지가 강해야만 죄를 이길 수 있다. 은사주의자들 중에 마음 수련을 한다는 자들이 있다. 하나님께 모든 것을 맡긴다는 미명하에 마음을 깨끗하게 하라고 하면서 마음이 창이니 창을 닦으라고 한다. 아무것도 생각하지 말고 마음을 비우라고 한다. 불교에서 무(無)로 돌아가라는 것과 유사하다. 그런데 마음을 비우면 어떻게 되는가. 비워진 마음에 마귀가 들어가는 것이다(마 12:43-45). 마음 수련회를 주도했던 사람들은 겉으로는 경건한 것 같지만 여러 가지 비리와 죄악이 드러나 세상 법으로 처벌을 받았다고 한다. 그 비운 마음에 마귀의 영이 들어가 처음보다 백 배 천 배나 더 악하게 되는 것이다.

은사주의 교회에서 세상 사람들보다도 못한 죄악이 더 많이 드러나는 이유가 이것이다. 성경에 대한 무지는 지옥으로 가는 지름길이다. 우리는 마음을 비워서는 안 된다. 성령으로 충만해져야 하고 또 말씀으로 가득 채워져야 한다. 그리고 의지를 강하게 하여 하나님의 뜻을 성취해야 한다.

의지가 강하려면 원함, 소원이 있어야 한다. 원함이 있어야 의지를 강하게 할 수 있고 원함이 크면 클수록 소원을 이룰 수 있는 확률이 커진다.

사람은 원하는 것은 꼭 성취하려고 하는 열망이 있다. 육신의 욕망을 좇아가면 큰 죄악 속에 살게 된다. 그러나 하나님의 뜻을 성취하려는 원함을 가지면 하나님을 위해 살게 되는 것이다. 이것을 분명하게 아는 것이 중요하다. 그와 같은 동기 부여가 소원을 갖도록 만드는 것이다. 하나님을 섬기고, 많은 열매를 맺음으로써 하나님을 기쁘시게 해 드리고, 하나님을 영광스럽게 해 드려야겠다는 열망으로 가득 차야 한다. 그러면 의지가 강해지고 결국에는 하나님의 뜻을 성취하게 된다. 의지를 버리는 것이 아니다. 잘못된 욕망을 버리고 선한 열망을 가져야 한다. 의지가 강해야 어떠한 곤란, 어려움이 오더라도 이길 수 있다. 어려운 환경, 물질적 궁핍, 복잡한 인간관계 등 모든 어려운 환경을 극복할 수 있는 것은 오직 자신의 의지를 강하게 하는 것이며, 이것이야말로 구원받은 후 성도가 갖추어야 할 필수 항목이다.

선한 열망

생각과 마음으로 갖게 된 원함을 이행하겠다고 의지가 결정하지 않으면 안 된다. 여러 가지 사정 때문에 안 할 수도 있는 것을 결국 최종적으로 결정하는 것은 의지이다. 아무리 마음이 하고 싶어도 이를 의지가 거부하면 안 되는 것이다. 그동안 다른 주제하에서 의지에 대해서 설명한 것이 있었지만, 이 내용이 매우 중요한 만큼 오늘 본문의 주제로서 한 번 더 전하게 된 것이다.

그렇다면 선한 열망은 어떻게 갖게 되는가. 시편 21편을 보자.「**주께서 그에게 마음의 소원을 주셨으며 그의 입술의 요청을 물리치지 않으셨나이다. 셀라**」(시 21:2). 이를 위해서 기도해야 한다. 선한 소원이 있어야 강한 의지로써 하나님의 뜻을 성취할 수 있다. 그것이 갓 구원받은 성도의 목표가 되어야 한다. 하나님의 뜻을 따르겠다는 열망을 주시도록 하나님께 간구해야 한다. 그러면 하나님께서 우리의 기도를 들어 주시는 것이다. 하나님의 도우심 없이 스스로의 힘으로는 불가능하기에 선한 열망을 주시도록 기도하는 것에서부터 시작해야 한다.

잘못된 소원을 가지면 멸망할 수밖에 없다. 구원받은 그리스도인이라 할지라도 악한 열망, 육신의 욕망을 가지고 있으면 죄를 피할 길이 없다. 구원을 받았으면 지옥에는 가지 않지만 이 세상에서 죄의 열매를 거두며 비참하게 살게 된다.「**또 주를 기뻐하라. 그리하면 그가 네 마음의 소원들을 네게 주시리라. 너의 길을 주께 맡기고 또 그를 신뢰하라. 그리하면 그가 이루어 주시리라**」(시 37:4,5). 우리에게 소원을 주시는 분은 하나님이시다. 육신은 계속해서 육신적인 욕망을 갖도록 만들지만 우리는 주님께서 주시는 선한 열망을 가져야 한다. 성경에 의하면 그 선한 열망은 하나님으로부터 온다. 주를 기뻐하고 신뢰하면 기도를 들어주시는 것이다.

또 성경은 잠언 10장 23절에서 「**악을 행하는 것이 어리석은 자에게는 즐거움이나, 명철한 사람은 지혜를 지녔느니라.**」라고 말씀한다. 우리는 구원받기 전 죄 속에서 일시적인 쾌락을 즐기며 살았다. 사람들은 구원의 필요성도 모르는 채 죄의 쾌락을 좇아가다가 영원한 형벌을 받게 된다. 그러나 현명한 사람은 일시적인 쾌락을 따르기보다는 회개하는 마음으로 예수님을 믿고 구원받는 것이 더 지혜로운 일이라는 것을 안다. 나도 연락이 닿는 동창들에게 자주 복음 메시지를 문자로 보낸다. 몇십 명 정도 되는 사람들의 모임인데도 그중에 겨우 네다섯 명 정도만이 '메시지 고맙다, 잘 들었다' 등 답을 보내온다. 세상 모임에서 모여 술 마시고 잘 놀고 있는데 '예수님 믿고 구원받아야 지옥 가지 않는다'는 메시지를 들으면 누가 좋아하겠는가. 그러나 시간을 내어 초등학교부터 시작해서 친구들을 다 찾아내서 복음을 전해야 한다. 여러분이 찾아내지 않으면 은사주의자들, 거짓 목사들이 찾아내어 거짓 교리의 피해자로 만들 것이다. 앞에 낭떠러지가 있는 것도 모르고 도로를 질주하는 차를 그냥 타고 가도록 내버려 두는 것이다. 여러분이 막아야 한다. 여러분만이 희망이다. 찾아내서 최소한 편지 한 장, 전도지 한 장이라도 보내서 읽게 하고 주님을 영접하게 해야 한다.

「**악인에게는 그 두려워하는 것이 이를 것이나, 의로운 자에게는 그 바라는 것이 이루어지리라**」(잠 10:24). 의로운 자의 바라는 것은 성취가 된다. 바라는 것을 성취하려면 기도해야 하고 주를 기뻐해야 하며 의롭게 살아야 한다. 그러면 하나님께서 바라는 것을 이루어 주신다. 바라는 것이 없으면 의지력이 약해지는 것이다.

「**그러나 나에게 유익하던 것은 무엇이나 그리스도를 위하여 다 손실로 여겼느니라. 실로 모든 것을 손실로 여김은 그리스도 예수 나의 주를 아는 지식이 가장 고상하기 때문이며 내가 그를 위하여 모든 것을 잃어버리고 그것들을 오히려 배설물로 여김은 그리스도를 얻기 위함이요**」(빌 3:7,8). 빌립보서는 사도 바울이 감옥에 있을 때 빌립보 성도들에게 쓴 편지이다. 사도 바울은 감옥에서조차 포기하지 않고 살았다. 여러분이 세상에서 좋고 유익하다고 생각했던 모든 것들, 육신의 욕망은 없애야 한다. 사도 바울에 의하면 가장 소중하다고 생각했던 것들이 배설물에 지나지 않는 것이다. 오히려 세상의 성공이 믿음의 실족을 가져올 수 있다. 세상의 성공을 좇다보면 하나님의 사역에 소홀해지고 그만큼 하나님을 섬기는 시간이 줄어드는 것이다. 따라서 그리스도인은 세상에서의 일과 하나님의 일 사이에서 지혜롭게 균형을 유지하며 살아야 한다.

나이가 들면 들수록 열망은 점점 식어가고 의지가 약해져가기 쉽다. 90이 넘어서도 거리설교에 빠지지 않았던 피터 럭크만 박사는 우리에게 훌륭한 귀감이 된다. 보통 강력한 설교로 유명한 목사들이 나이가 들수록 설교가 약해지는 경우를 많이 본다. 그러나 럭크만 박사는 전에도 설교가 강하기로 유명했지만 70대, 80대, 90대를 지날수록 더욱 더 강력한 설교를 했다. 그처럼 그의 열망과 의지는 대단했다. 여러분도 끝까지 선한 열망과 의지를 유지할 수 있도록 기도해야 한다. 주를 기뻐하며 성경적으로 살면 주님께서 그 열망을 주실 것이다.

「그리스도 예수 안에서 하나님의 고귀한 부르심의 상을 위하여 그 푯대를 향해 좇아갈 뿐이라」(빌 3:14). 사람은 나이가 먹으면 먹을수록 욕망이 사라지지만 그럴수록 사도 바울처럼 중단하거나 포기하지 않고 목표를 향해 계속 전진해야 한다. "고귀한 부르심, 그 푯대를 향해" 나아가는 것이다. 우리가 목표하는 모든 것을 다 이룰 수 있는 것은 아니다. 죽을 때까지 다 이루지 못할 수도 있다. 그러나 포기하지 않고 계속 목표를 향해 나아가는 것이 그리스도인의 삶이다. 그렇게 되려면 계속해서 선한 열망을 갖고 있어야 한다. 그리고 그것으로 인한 강한 의지력을 가지고 주님의 뜻을 성취하는 일을 멈추지 않아야 한다.

결론적으로, 우리는 자원하는 마음으로, 자발적으로 주님께 드리고 주님을 섬겨야 한다. 자원하는 생각과 마음이 가장 중요한 요소이다. 악한 자도 욕망이 강하고 의지가 강하기 때문에 악을 성취한다. 사탄도 하나님의 보좌를 차지하겠다는 욕망과 의지가 있었고, 악을 성취하기 위해 끝까지 주님께 대항한다. 자신의 종말을 알면서도 주님을 대적하고 끝을 보려 한다. 성경은 일시적이나마 사탄이 대환란 때 이 세상을 장악하지만 끝이 온다고 말씀한다.

구원받고 난 후 우리에게는 새로운 열망이 생겼다. 주님의 뜻대로 살고 주님께 영광을 돌리는 삶을 살려는 선한 열망을 주님 오실 때까지 간직해야 한다. 거짓 목사가 가르치는 거짓 교리는 여러분에게서 선한 열망을 없애려고 한다.

자기 의지로 주님을 섬기지 못하게 한다. 그런 것에 속아서는 안 된다. 선한 열망과 강한 의지력이 있어야 한다. 그것을 유지하기 위해서 끝까지 싸워야 한다.

이것이 영적 전쟁이다. 구약 역대기하에서는 군사들이 주님께 자기 자신을 자원하는 마음으로 드렸다. 전쟁에 나갈 때 자기 자신을 주님께 기꺼이 드리고 나가서 싸워 이긴 것이다. 자신을 주님께 드리지 않고 자원하는 마음으로 드리지 않으면 이 영적 전쟁에서 승리할 수 없다. 나태해지지 말고, 거짓 목사의 거짓 교리에 속아 강한 의지를 꺾지 말아야 한다. 성경적으로 믿는 사람들은 선한 열망으로, 강한 의지력으로 살아야 한다. 결코 약해져서는 안 된다.

하나님의 구원 계획

성경은 인류의 조상은 하나님의 형상을 따라 창조된 아담이라고 말씀하고 있습니다. 아담이 죄를 지음으로써 죄가 이 세상에 들어왔습니다.

"이런 연유로 한 사람에 의하여 죄가 세상으로 들어오고 그 죄에 의하여 사망이 왔으니 그리하여 모든 사람이 죄를 지었으므로 사망이 모든 사람에게 전달되었느니라"(롬 5:12).

이 사망은 우리의 육체가 죽어 땅에 묻혀 흙으로 돌아가는 것뿐만 아니라, 죽은 사람의 몸을 떠난 혼이 영원한 지옥에 있게 되는 것을 말하는 것입니다. **"보라, 모든 혼들은**

내 것이라. 아비의 혼이 그렇듯이 자식의 혼도 내 것이라. **범죄하는 혼은 죽으리라**"(겔 18:4). 혼은 물질이 아니기 때문에 지옥 불에서 금방 타 없어지지 않고 영원히 고통받습니다. 당신이 만일 구원받지 못했다면 이것은 매우 심각한 문제입니다. 만일 지금 불행한 일로 죽는다면 무섭도록 뜨거운 지옥 불로 떨어지기 때문입니다. 이것은 거짓말하실 수 없는 하나님께서 하신 말씀입니다.

그러나 하나님께서는 당신을 사랑하시기 때문에 지금 이 시간에 당신을 지옥으로부터 구원해 주시기를 원하십니다. "**하나님께서는 모든 사람이 구원을 받고 진리의 지식에 이르기를 원하시느니라**"(딤전 2:4). 하나님께서는 어린 아이들까지도 다 이해하고 구원받을 수 있도록 쉽게 구원받을 수 있는 방법을 마련하셨습니다.

먼저 자신이 죄인임을 깨달아야 합니다. 성경은 말씀하십니다. "모든 사람이 죄를 지었으므로 하나님의 영광에 이르지 못하다가"(롬 3:23), "죄의 삯은 사망이요"(롬 6:23), "그러나 두려워하는 자들과 믿지 아니하는 자들과 가증스런 자들과 살인자들과 음행하는 자들과 마술하는 자들과 우상숭배하는 자들과 모든 거짓말하는 자들은 불과 유황이 타는 못에 참여하리니 이것이 둘째 사망이라"(계 21:8).

이 구절들은 우리가 죄인이기 때문에 죽는 것이고 죽음 뒤에 지옥에 간다는 사실을 경고하고 있습니다. 그러나 하나님께서는 당신을 너무나 사랑하셨기 때문에 독생자이신 예수님을 보내 주셔서 당신의 죗값을 치르기 위해 대신 죽게 하셨습니다. 이것이 하나님께서 인류의 죄를 용서하고 구원하기 위해 마련하신 방법입니다. **"우리가 아직 죄인이었을 때 그리스도께서 우리를 위하여 죽으심으로써 하나님께서는 우리를 향한 그의 사랑을 나타내셨느니라"**(롬 5:8). 당신이 아무리 좋은 일을 많이 한다고 해도, 열심히 교회에 나간다 해도, 침례를 받는다고 해도 예수님을 통해서 죄 사함을 받지 못하면 구원을 받을 수 없습니다.

그 이유는 **"피흘림이 없이는 죄 사함이 없느니라."**(히 9:22) **"그 안에서 우리가 그의 보혈을 통하여 구속, 곧 죄들의 용서함을 받았느니라."**(골 1:14)라고 성경이 말씀하기 때문입니다. 하나님께서는 **"…이제는 어디에 살고 있는 어떤 사람에게도 회개하라고 명령하고 계시니라."**(행 17:30) 이 말은 거룩하신 하나님 앞에서 자신이 죄인인 것을 인정하고 죄에서 돌이켜 주님께 돌아오는 것을 말합니다.

하나님께서는 죄인인 것을 인정하고 회개하며 그분께 나아가는 자는 로마서 10장 말씀에 의하여 구원받을 수 있도록 자비를 베풀어 주셨습니다. "네가 네 입으로 주 예수를 시인하고 또 하나님께서 그를 죽은 자들로부터 살리신 것을 네 마음에 믿으면 구원을 받으리라. 이는 사람이 마음으로 믿어 의에 이르고 입으로 고백하여 구원에 이르기 때문이라"(롬 10:9,10).

이 말씀은 첫째, 예수님께서 육신으로 오신 창조주 하나님이신 것을 믿고 입으로 시인하라는 것이며, 이것은 디모데전서 3장 16절에 잘 나타나 있습니다. **"경건의 신비는 논쟁의 여지없이 위대하도다. 하나님께서는 육신으로 나타나셨고…"**

둘째, 주님께서 우리의 죄를 위하여 십자가에서 피 흘려 죽으시고 장사되셨다가 부활하신 사실을 마음으로 믿으면 구원을 받는다고 하나님께서는 말씀하셨습니다. 불가능한 것이 없으신 하나님께는 부활도 엄연한 사실입니다. 당신이 이 정확 무오한 하나님의 말씀을 믿고 지금 구원받기를 원하면 다음과 같이 기도하여 예수님을 구주로 받아들이십시오.

"위대하신 하나님 아버지, 저는 지옥에 갈 수밖에 없는 죄인입니다. 죄를 회개하오니 용서하여 주십시오.

저는 예수님께서 하나님이시며, 저의 모든 죄를 위하여 십자가에서 피 흘려 죽으시고 장사되셨다가 부활하신 사실을 믿습니다. 주 예수 그리스도를 저의 구주로 영접하오니, 지금 이 순간 제 안에 들어오셔서 저를 지옥으로부터 구원해 주십시오. 저를 지옥으로부터 구원해 주셔서 감사합니다. 주 예수 그리스도의 이름으로 기도 드립니다. 아멘."

유튜브 채널 링크
REAL Bible 1611

하나님의 구원 계획

하나님의 경륜 시리즈

무료 책자 링크
www.realbible1611.com

올바른 성경공부법

무료 ebook 링크
https://ebook.kyobobook.co.kr

지옥설교를 안하면 거짓목사이다

김경환 목사 저서 목록

기초 성경 공부 1,2
하나님의 사랑
올바른 성경 공부법
시대에 따른 진리
그리스도인의 성품
지옥설교를 안하면 거짓목사이다
구원에 관한 문제의 구절들 총정리
하나님의 경륜

향후 출간 계획 저서

교회 개혁을 위하여 바른 성경으로 돌아가자
교회 개혁을 위하여 바른 믿음으로 돌아가자
한국인이 모르는 진리 (가제)
야고보서 주석 (가제)

구원, 영적 성장의 시작
Life After Salvation

2025년 11월 14일 1판 1쇄 발행

지은이 김경환

펴낸곳 BBCI (Bible Believing Christian, Inc.)
이메일 bbcipress@gmail.com
bbcipress@naver.com

ISBN 979-11-991081-7-2 (03230)

가격 9,500원